# Phonetik

# Simsalabim

**Übungskurs
zur deutschen Phonetik**
von
**Ursula Hirschfeld** und **Kerstin Reinke**

## Begleitbuch

## Langenscheidt

Berlin · München · Wien · Zürich · New York

## Für Helga Dieling

Wir möchten uns an dieser Stelle sehr herzlich bedanken

• bei den Kolleginnen und Kollegen des Goethe-Instituts München, die dieses Projekt ermöglicht haben,
• bei allen, die unsere Konzeption durch kritische Anregungen verbessern halfen,
• beim Regisseur Jörg Mischke, der das Drehbuch mit vielen Ideen und Engagement in Bilder umsetzte,
• bei allen technischen Mitarbeitern, die uns erleuchteten, filmten und für den guten Ton sorgten,
• bei den mitspielenden Studenten, die auch nach der 15. Wiederholung und bei fast 40 Grad Celsius mit Lust und Spaß bei der Sache waren,
• bei der 35. Mittelschule und dem Herder-Institut, die uns Räume und Materialien zur Verfügung stellten
• und bei den vielen unbekannten Passanten, die sich einige Minuten Zeit nahmen, um auf die neugierigen Fragen des Zauberers zu antworten.

Videoproduktion: GEPO TV- & Filmproduktion
Regisseur: Jörg Mischke
Kassettenproduktion: Edelgard Stadler (Tonstudio des Goethe-Instituts München)
Layoutentwurf und Zeichnungen im Übungsteil: Andreas Flad
Bearbeitung der Fotos: Kerstin Reinke
Umschlagentwurf und Layout: Johannes Kojer, Easy Pic Library, München
Redaktion: Hans-Heinrich Rohrer

Mitwirkende:
Antonia Fitzke (Sim), Kati Hannken-Illjes (Sala), Cornelius Filipski (Bim), Heinrich Lenhart (Zauberer),
sowie
Mariana Alvarez-Finkbeiner (Argentinien), Chang-Hwa Song (Korea), Lise Nygaard Christensen (Dänemark),
Keti Koleva (Bulgarien), Sylwia Holetzke (Polen), Le Anh Son (Vietnam), Josephine Sasoy (Philippinen);
Khalil Aboulatatia (Marokko), Julia ud Woestyne (Niederlande)

Sprecher (Tonkassette): Barbara Schachinger, Katrin Schönermark, Hubert Mulzer
Rhythmusstücke: Andreas Fischer

**Phonetik Simsalabim von Ursula Hirschfeld und Kerstin Reinke**
**Für dieses Kurspaket sind lieferbar:**

| | | |
|---|---|---|
| Begleitbuch | mit 128 Seiten | ISBN 3-468-90540-8 |
| Audiokassette | mit 85 Minuten | ISBN 3-468-90541-6 |
| Videokassette PAL | mit 70 Minuten | ISBN 3-468-90543-2 |
| Videokassette NTSC | mit 70 Minuten | ISBN 3-468-90544-0 |
| Videokassette SECAM | mit 70 Minuten | ISBN 3-468-90545-9 |

**Phonetik Simsalabim** folgt der reformierten Rechtschreibung. Ausnahmen bilden Texte und Realien, bei denen historische, künstlerische, philologische oder lizenzrechtliche Gründe einer Änderung entgegenstehen. In den nächsten Jahren werden verschiedene Schreibweisen nebeneinander bestehen. Wegen der geringen Änderungen wirkt sich die Neuregelung nur unwesentlich auf das gewohnte Schriftbild aus.

Umwelthinweis: Gedruckt auf chlorfrei gebleichtem Papier

| Druck: | 5. | 4. | 3. | 2. | Letzte Zahl |
|---|---|---|---|---|---|
| Jahr: | 2002 | 2001 | | | maßgeblich |

© 1998 Langenscheidt KG, Berlin und München

Druck: Druckhaus Langenscheidt, Berlin, printed in Germany · ISBN 3-468-90540-8

# Inhalt

# Einführung

## Wie der Kurs entstand

Schon seit langem hatten wir die Idee zu einem Phonetikkurs, in dem die traditionellen Medien – Kassette und Begleitbuch – durch ein Video ergänzt werden. Zwar gibt es schon die „Einführung in die deutsche Phonetik" (Hirschfeld 1992) für die Lehreraus- und -fortbildung, aber nur bestimmte Teile davon lassen sich zur Demonstration im Unterricht einsetzen. In unserem neuen Video wenden wir uns direkt an die Lernenden. Sie sollen hören und sehen können, wie Laute gebildet werden, welche methodischen Tricks und Kniffe man beim Einüben anwenden kann, welche Übungen, Sprachspielereien und Spielszenen sich für die Automatisierung eignen. Das Video soll Spaß machen, zum Lachen und Lernen anregen und gleichzeitig ein gezieltes, systematisches Aneignen, Korrigieren und Automatisieren der Aussprache ermöglichen. Die dafür verwendeten Übungsbeispiele und -methoden haben wir vielfach in unserem Unterricht mit Deutschlernenden unterschiedlichster Ausgangssprachen und verschiedener Lernniveaus ausprobiert.

Im Januar und Februar 1996 haben wir die Konzeption und die inhaltlichen Schwerpunkte den Goethe-Instituten sowie vielen Kolleginnen und Kollegen aus anderen Institutionen vorgelegt und erhielten aus der ganzen Welt Anregungen, kritische Hinweise – und viel Zustimmung. Wir haben daraufhin die Konzeption überarbeitet und das Drehbuch vorbereitet. Im Juli 1996 wurde in Leipzig das Video gedreht. Als Akteure hatten wir unter einer großen Bewerberzahl vier Studenten vom Institut für Sprechwissenschaft und Phonetik der Universität Halle ausgesucht. Hinzu kamen ausländische Studenten des Herder-Instituts, die gut Deutsch sprachen und bereit waren, auch für sie schwierige phonetische Formen vor der Kamera zu präsentieren. Der Fertigstellung des Videos folgten im Dezember 1996 ergänzende Tonaufnahmen im Studio des Goethe-Instituts München.

## Zur Konzeption

Der Kurs **Phonetik Simsalabim** behandelt ausgewählte Schwerpunkte der deutschen Aussprache. Er ist in sich geschlossen und kann unabhängig von anderen Materialien benutzt werden. Somit stellt er eine empfehlenswerte Ergänzung zu den verschiedensten Deutschkursen dar, die häufig auf eine systematische Arbeit an der Aussprache verzichten. Der Kurs ist für Lernende der Grund- und Mittelstufe gedacht, er ist darüber hinaus aber auch bei weiter Fortgeschrittenen einsetzbar. Er wendet sich an Lernende aller Altersstufen. Er ist in erster Linie für den Gruppenunterricht vorgesehen, viele Übungen sind zu zweit oder zu dritt auszuführen. Ein großer Teil der Übungen (von der Tonkassette in Verbindung mit den Arbeitsblättern) kann aber auch zum Üben zu Hause oder als Selbstlernmaterial genutzt werden.

Grundlage des Kurses ist häufig gebrauchte Lexik aus der Liste des „Zertifikats Deutsch als Fremdsprache" (Umfang von 2000 Wörtern, hrsg. vom Deutschen Volkshochschul-Verband / Goethe-Institut, 1991), die er weit unterschreitet, zusätzlich aber Vor-, Familien-, Ortsnamen und verschiedene Bezeichnungen nutzt, die Lernenden der Grund- und Mittelstufe häufig Schwierigkeiten bereiten. Nur in den Texten zum Weiterüben sind teilweise schwierigere lexikalische und grammatische Formen enthalten, damit auch Fortgeschrittene entsprechenden Übungsstoff finden.

Der Kurs ist spielerisch, humorvoll und zugleich mit theoretischem Anspruch gestaltet. Er enthält elf Lektionen, in denen Schwerpunkte der deutschen Phonetik behandelt werden, die erfahrungsgemäß für Lernende verschiedenster Ausgangssprachen wichtig sind:

| | |
|---|---|
| 1. | Melodie |
| 2. | Akzent / Rhythmus |
| 3. | Vokale (lang/gespannt – kurz/ungespannt) |
| 4. | Ö- und Ü-Laute |
| 5. | E-Laute und Endung -en |
| 6. | Vokalneueinsatz – [h] |
| 7. | Konsonanten (fortis – lenis, Auslautverhärtung, Häufungen) |
| 8. | Ich-Laut – Ach-Laut – [ʃ] |
| 9. | R-Laute |
| 10. | Assimilation |
| 11. | Phonetische Variation in der Alltagssprache |

Die Lektionen können als geschlossener Kurs oder als Einzelbausteine eingesetzt werden. Die einzelnen Lektionsteile und die Übungen im Begleitbuch und auf der Tonkassette können auch aus einer Lektion herausgegriffen werden.

Zu **Phonetik Simsalabim** gehören ein Begleitbuch, ein Videofilm und eine Tonkassette. Das **Video** ist insgesamt ca. 65 Minuten lang und hat folgenden Grundaufbau: Den Rahmen der Lektionen 1–10 bildet eine Zauberveranstaltung, in der ein Zauberer und drei Clowns agieren. Der Zauberer ist der Moderator, er eröffnet und schließt die „Vorstellung", er nennt das Thema, er macht auf die phonetischen Regularitäten aufmerksam und verbindet die einzelnen Lektionsteile miteinander. In der 11. Lektion geht er mit den Zuschauern spazieren und spricht Passanten an, die in den vorangegangenen Lektionen eingeführte Formen aufgreifen und individuelle sowie leicht regionale Aussprachevarianten verwenden. Diese Lektion zeigt einen Ausschnitt aus der Vielfalt im Alltag gebrauchter phonetischer Formen, während in den anderen Lektionen eine überregionale, allgemein akzeptierte Standardaussprache vorherrscht, die durch umgangssprachliche Elemente ergänzt wird. Der Kurs ist in Inhalt und Gestaltung zeitlos und deshalb immer aktuell.

Die drei Clowns präsentieren die phonetischen Formen in Sketchen, Dialogen und Sprachspielen. Sie zeigen auch, wie man Laute bildet und die Lautbildung kontrolliert. Dabei übertreiben sie in bestimmten Übungen ein wenig, wie es Clowns oft tun, so dass ihre Aussprache hier besonders deutlich wird. Die Anwendung dieser Beispiele und Methoden wird von ausländischen Deutschlernenden vorgeführt. Sie sind zwar gut, aber noch nicht perfekt, ihr „muttersprachiger Akzent" ist hörbar. Sie demonstrieren, dass und wie man die gezeigten phonetischen Formen erlernen und anwenden kann.

Die Videoszenen, vor allem die Sketche, wirken in ihrer clownesken, die Wirklichkeit verfremdenden Darstellung wie kleine Kabarett- oder Theateraufführungen. Sie sind somit – trotz des typisch deutschen Klangs – als Präsentationsformen vertraut und nachvollziehbar. Sie schaffen gleichzeitig den notwendigen Abstand vom muttersprachlichen und kulturellen Hintergrund der Lernenden, wie auch von ihren eigenen Sprechgewohnheiten, und sie erleichtern das Rollenverhalten, das beim Üben in der fremden Sprache immer verlangt wird. Sie werden von den Lernenden lieber und leichter angenommen und „echter" nachgestaltet als die sog. authentischen Dialoge vieler Lehrbücher, wie z. B. der Besuch beim Arzt. Die für die Erarbeitung eines Sketches oder eines literarischen Textes notwendigen Wiederholungen werden als Selbstverständlichkeit betrachtet, weil Schauspieler und Rezitatoren auch in der Muttersprache mehrfach proben müssen, bis alles sitzt. So wird beim „Proben" in der Fremdsprache Deutsch auf akzeptable Art eine Automatisierung erreicht, Klangbilder können sich entwickeln und dauerhaft einprägen.

In spielerischer Form werden im Video folgende Lektionsteile umgesetzt:

| | |
|---|---|
| **1.** | Vorspann mit Lautmalereien, passend zum Thema der Lektion und gestaltet von den ungeschminkten Clowns und den ausländischen Studenten, |
| **2.** | Ansage des Zauberers, der das Thema der Lektion vorstellt, |
| **3.** | Clowns mit einer einführenden Hörübung (kurzer Sketch), in dem die phonetischen Merkmale der Lektion demonstriert werden, |
| **4.** | Bewusstmachung durch den Zauberer anhand von Beispielen aus dem Sketch, |
| **5.** | Präsentation weiterer Beispiele und verschiedener Lautbildungsmethoden durch die Clowns und |
| **6.** | Aufgreifen dieser Beispiele und Methoden durch ausländische Deutschlernende, (die Teile 5 und 6 haben im Video einen grünen Rahmen), |
| **7.** | Sprachspiel mit den Clowns, |
| **8.** | Abschluss durch den Zauberer. |

Das Video demonstriert den Klang und die „Produktion" von Melodie-, Akzent- und Rhythmusformen, von Vokalen und Konsonanten im Deutschen, es stellt Übungsmethoden vor und regt zum Üben an. Es zeigt, dass man ohne großen Aufwand effektiv an der Aussprache arbeiten kann, indem man alles selbst ausprobiert, variiert, anwendet. Dabei sollen Begleitbuch und Tonkassette helfen.

Die **Tonkassette** (ca. 90 min.) ermöglicht die Entwicklung und Automatisierung von Hör- und Aussprachefertigkeiten

- durch die Präsentation ausgewählter Videoszenen, zu denen verschiedene Aufgaben gestellt werden und die nachgespielt werden können; da das Bild nun fehlt, sind die Anforderungen einerseits höher, andererseits ist eine bessere Konzentration auf den Klang möglich,
- durch zusätzliche Übungen, Sprachspiele und Texte.

Die Tonkassette ist zusammen mit den Arbeitsblättern (Kopiervorlagen) im Begleitbuch zu nutzen.

Das **Begleitbuch** für die Hand des Unterrichtenden gibt methodisch-didaktische Empfehlungen sowie eine kurze Zusammenfassung der phonetischen Grundregeln des Deutschen. Jede Lektion besteht aus folgenden Teilen:

| | |
|---|---|
| 1 | Zum Aufbau der Lektion |
| 1.1 | Video |
| 1.2 | Begleitbuch / Audiokassette |
| 2 | Didaktische Hinweise |
| 3 | Kenntnisse |
| 4 | Kopiervorlagen der Arbeitsblätter |
| 5 | Lösungen |

Im ersten Abschnitt werden die Szenen im Video bzw. die Übungen auf den Arbeitsblättern und der Tonkassette kurz beschrieben, so dass man sich einen Überblick über deren Inhalt und über die konkreten Verbindungen (Schnittstellen) zwischen Video, Tonkassette und Übungen auf den Arbeitsblättern verschaffen kann.

Es folgen im zweiten Abschnitt konkrete didaktische Hinweise (Tipps) für die Arbeit am jeweiligen Schwerpunkt.

Zu den in den Lektionen behandelten Schwerpunkten werden im dritten Abschnitt („Kenntnisse") Regeln zusammengestellt, denen wiederum Testaufgaben für die Lernenden zugeordnet sind. Bei jugendlichen und erwachsenen Lernenden sollte etwas Regelwissen vermittelt werden. Dazu können die hier zu findenden Regeln und Übersichten von den Lehrenden in ihren Unterricht eingebracht werden. Es ist aber auch möglich, dass die dazugehörigen Testfragen nicht zur Kontrolle sondern zur selbständigen Regelfindung genutzt werden. Denn: Was man selbst erkannt hat, merkt man sich besser. Wenn die Lernenden aufmerksam verfolgt haben, was der Zauberer (oder der Lehrer) erklärt hat, wird das nicht schwer fallen.

Den vierten Teil bilden die Kopiervorlagen der Arbeitsblätter für die Lernenden.

Die Lösungen zu den Übungen auf den Arbeitsblättern sind im fünften Abschnitt zu finden.

Kernstück der Lektionen sind die Arbeitsblätter, die als Kopiervorlage gestaltet wurden. Für die Videolektionen 1–10 sind sie einheitlich aufgebaut, es gibt jeweils fünf Übungen:

| | |
|---|---|
| **Ü 1** | eine Übung zur *Hörkontrolle*, die in der Regel aus dem Sketch abgeleitet wurde, |
| **Ü 2/3** | zwei Übungen zum *Hören, Nachsprechen und Lesen* (Variationen zu den oben beschriebenen Lektionsteilen 4, 5, 6), |
| **Ü 4** | ein *Sprachspiel* (Variation oder Fortsetzung des Sprachspiels vom Lektionsteil 7), |
| **Ü 5** | den *Sketch* mit Aufgaben zum Hören, Sprechen und Gestalten, |
| **sowie** | *literarische Texte* zum Weiterüben. |

Die Aufgabenstellungen zu jeder Übung sind sehr vielseitig. Zwar stehen bestimmte Tätigkeiten im Mittelpunkt (Hören, Lesen, Nachsprechen, Ergänzen usw.), sie werden jedoch nach Möglichkeit immer durch andere ergänzt, so dass für eine ausreichende Automatisierung gesorgt wird, ohne dass Langeweile auftritt.

Die auf den Arbeitsblättern gestellten Aufgaben dienen der Entwicklung grundlegender Fertigkeiten im Hören und Sprechen. Die Übungen sind thematisch gebunden und sollen jeweils als Hörübung, Mitsprech- und Nachsprechübung, oft auch zum dialogischen Lesen, Sprechen und für szenisches Spiel genutzt werden. Durch den thematischen oder situativen Rahmen ergeben sich viele Möglichkeiten für die kreative Weiterarbeit (weitere Beispiele zum Thema, Veränderung der Situation, Variation der Aufgabenstellung), auch wenn das nicht in jeder Übung explizit gefordert wird.

Am Ende jeder Lektion gibt es einige Texte zum Weiterüben. Sie sind vor allem für etwas weiter Fortgeschrittene gedacht, obwohl manche Texte auch sprachlich sehr einfach sind. Hier kann man den angegebenen Arbeitsschritten folgen und z. B. beim Vortragen oder einer Tonbandaufnahme das Erfolgserlebnis genießen bzw. noch eventuelle Verbesserungsmöglichkeiten erkennen. Unter den Texten stehen Zusatzaufgaben, die über das Ausspracheüben hinausgehen und zum freien Sprechen, zur Diskussion, zur kreativen Beschäftigung mit dem Thema oder einfach zum Nachdenken anregen sollen.

**Im Begleitbuch erleichtern Piktogramme am Rand die Orientierung:**

 (Kopfhörer + Aufnahmenummer): Für diese Aufgabe braucht man die Tonkassette.

 (Video): Hier kann man auch im Video nachsehen, das dann den gleichen oder einen ähnlichen Text enthält.

 (Schlüssel): Hinweis auf die Lösung.

## Arbeitsempfehlungen

Der Kurs **Phonetik Simsalabim** kann bereits in der Grundstufe eingesetzt werden. Durch die Visualisierung dürfte es kaum Wortschatzprobleme geben. Reichen die Sprachkenntnisse der Lernenden noch nicht aus, kann man zunächst einzelne, geeignete Übungen auswählen und später durch andere ergänzen oder das Ansehen des Videos und das Üben mit Tonkassette und Begleitheft lexikalisch und grammatisch vorbereiten.

Das Video ist kein Spielfilm, den man im Ganzen hintereinander zeigen sollte. Jede Lektion, das wird am wiederholten Vor- und Abspann deutlich, steht für sich, sie behandelt einen abgeschlossenen Schwerpunkt.
Für den Einsatz von Video, Kassette und Arbeitsblättern aus dem Begleitbuch sind verschiedene Möglichkeiten denkbar, die auch miteinander kombiniert werden können. Man kann eine Videolektion insgesamt zeigen, auch mehrmals, damit Klänge und methodische Hinweise aufgenommen werden können. Man kann vorher oder hinterher oder zwischendurch mit der dazugehörigen Lektion im Begleitbuch und der Kassette arbeiten. Oder man zeigt eine Videolektion zunächst einmal insgesamt und kombiniert dann Teile daraus mit den jeweiligen Übungen im Begleitbuch.

Das Video allein genügt sicher nicht, um einen ausreichenden und anhaltenden Übungseffekt zu erreichen. Deshalb sollten unbedingt die im Begleitbuch und von der Tonkassette angebotenen Übungen genutzt werden. Sie bieten ein umfangreiches Hörtraining mit (Selbst-)Kontrollmöglichkeiten und ausreichend Stoff, um die neu zu erlernenden Sprechbewegungen zu automatisieren.

Da das Material als Baukasten angelegt ist, kann man natürlich einzelne Übungen herausziehen und allein oder in beliebiger Kombination mit anderen Übungen behandeln. Es wäre auf jeden Fall gut, einzelne Übungen in den nachfolgenden Unterrichtsstunden wieder aufzugreifen, damit eine Automatisierung möglich ist.

Wenn ein etwas längerer und systematischer Übungsabschnitt vorgesehen ist, kann man eine der folgenden Varianten wählen und weiter variieren. Sie sollten als Angebot verstanden werden, denn selbstverständlich gibt es noch mehr Möglichkeiten:

**Variante 1**
Man zeigt zuerst die komplette Videolektion (ohne Unterbrechung) und bearbeitet dann – unmittelbar danach oder in der nächsten Stunde – die gesamte Lektion mit der Tonkassette und den Übungen der Kopiervorlage der Reihe nach.

**Variante 2**
Man zeigt zuerst die komplette Videolektion (ohne Unterbrechung) und bearbeitet dann die Lektion mit der Tonkassette und den Übungen der Kopiervorlage in veränderter Reihenfolge. Dann könnte man zum Beispiel mit der Übung 5 der Kopiervorlage anfangen, die auf dem Video als letzte Sequenz zu sehen ist. Das empfiehlt sich besonders, wenn man sich in der Automatisierungsphase befindet, die Lernenden also schon mit den phonetischen Grundlagen vertraut sind.

**Variante 3**
Man zeigt einzelne Lektionsteile des Videos nach und nach und ergänzt sie jeweils durch die entsprechende Übung von Begleitbuch und Tonkassette. Den Sketch könnte man z. B. zuerst vom Video sehen, dann von der Kassette hören und schließlich die entsprechenden Übungen im Begleitbuch absolvieren.

**Variante 4**
Hier arbeitet man im Gegensatz zu Variante 3 in erster Linie mit Arbeitsblatt und Tonkassette und schiebt an den passenden Stellen die Videoteile ein.

**Variante 5**
Wenn kein Videogerät zur Verfügung steht, kann man die Lektion mit Audiokassette und den Kopiervorlagen behandeln, entweder die Übungen der Reihe nach wie vorgesehen, oder mit einer etwas komplexeren Übung (4 oder 5) als Eintauchübung und dann der Reihe nach oder in beliebiger Auswahl. Diese Variante ist ebenfalls tragbar, Kassette und Begleitbuch sind ein in sich geschlossenes, vollständiges Material.

Für die Varianten 1 und 2 sollte man etwa zwei Unterrichtsstunden (und zusätzlich Zeit für spätere Wiederholungs- und Fortsetzungsübungen) pro Lektion einplanen. Die Varianten 3 bis 5 eignen sich dagegen auch für kürzere Sequenzen von etwa 15 bis 20 Minuten, da an beliebiger Stelle unterbrochen werden kann.

## Noch ein paar Tipps,

um auch wirklich eine Automatisierung des Gelernten zu erreichen:

- Die Aufgaben sollten so oft wiederholt werden, bis das Ergebnis zufriedenstellend ist: *Übung macht den Meister.*

- Die Übungen können für viele Aktivitäten ausgenutzt werden: So sollten z.B. auch Nachsprechübungen als Markierungsübungen dienen (z.B. lange Vokale unterstreichen). Das funktioniert natürlich auch lektionsübergreifend (z.B. in allen Lektionen lange und kurze Vokale markieren): *Viel hilft (hier wirklich) viel.*

- Tonbandaufnahmen sind wichtig und sollten bei vielen Übungen gemacht werden, weil die Lernenden damit eigene Ausspracheprobleme besser erkennen und lernen, sich selbst zu kontrollieren: *Vertrauen ist gut, Kontrolle ist besser.*

- Alle Aufnahmen der Kassette können auch synchron mitgesprochen, mitgesummt bzw. mitgebrummt werden. Dadurch wird schneller die angemessene melodische Gestaltung, der richtige Sprechrhythmus und das passende Sprechtempo erreicht: *Gemeinsam geht alles besser.*

- Zum Sprechen gehört Gefühl. Die Übungstexte sollten also mal freundlich, dann wieder ärgerlich oder befehlend usw. gesprochen werden. Auch die Lautstärke (vom Flüstern bis zum Schreien) und die Sprechgeschwindigkeit können variiert werden. Das verhilft erwiesenermaßen zu einer besseren Aussprache: *Gefühl geht (oft) vor Verstand.*

- Zum Sprechen braucht man den ganzen Körper. Die Clowns und die Studenten machen es vor. Also: Mut zu Gesten (lange / kurze Vokale zeigen) und Bewegungen (zum Sprechrhythmus tanzen, z.B. Rap). Ausspracheübungen sollten überhaupt immer mit Aktivitäten verbunden werden und seltener hinter einer Tisch-Barriere stattfinden. Erste Ausspracheerfolge werden dann sicher bald sichtbar: *Das hat Hand und Fuß.*

- Zum Schluss ein Appell an die Phantasie: Viele Übungen sind ohnehin offen angelegt (z.B. sollen andere Varianten gefunden, andere Wörter eingesetzt werden). Das ist aber bei allen Übungen erlaubt und erwünscht. Man darf sie verändern, aktualisieren, probieren. Und man darf auch neue Aufgaben formulieren. Es gibt praktisch keine Grenzen: *Spaß muss sein.* – und – *Was man gern tut, geht leicht von der Hand.*

**Also – Simsalabim und viel Vergnügen!**

# 1. Hm? – Hm... – Hm! *Melodie*

## 1.1 Zum Aufbau der Lektion

### 1.1.1 Video (Dauer: 6.00 Min.)

### Szene 1: Vorspann

Inhalt: Clowns (ungeschminkt) und ausländische Studenten brummen „Hm" in verschiedenen melodischen Varianten.

Ziel: Eintauchübung

### Szene 2: Clowns (Sketch)

*KV Ü5*

Inhalt: Zwei Clowns spielen den Dialog, vgl. Text der Übung 5 in den Kopiervorlagen (KV).

Ziel: einführender Dialog zur Präsentation aller wichtiger Melodieformen im Kontext

### Szene 3: Zauberer (Bewusstmachung)

Inhalt: Der Zauberer spricht und zeigt (Schriftbild) einzelne Sätze, er markiert mit Handbewegungen den Melodieverlauf:

| Zauberer: | Schriftbild: |
|---|---|
| Jeder kennt doch Beethoven. | |
| Die Melodie steigt: Kennst du Beethoven? Kennst du Bach? Kennst du Mozart? | Kennst du Beethoven? ↑ |
| Die Melodie fällt: Ich kenne Beethoven. Ich kenne Bach. Ich kenne Mozart. | Ich kenne Beethoven. ↓ |
| Die Melodie bleibt gleich: Ich kenne Beethoven, Bach – und Mozart. Hm? -Hm. | Ich kenne Beethoven, → Bach → und Mozart. ↓ |

Ziel: Differenzierung verschiedener Melodieformen, Erkennen wesentlicher Merkmale der Melodieformen (steigend-fallend = terminal, fallend-steigend = interrogativ, gleichbleibend = progredient), Demonstration unterstützender Handbewegungen

### Szene 4: Ausländische Studenten

*KV Ü3*

Inhalt: Unterstützt von einfachen Rhythmusinstrumenten demonstrieren drei ausländische Studenten die in Szene 3 bewusst gemachten melodischen Grundformen, vgl. Text der Übung 3 in den Kopiervorlagen.

Ziel: Anwendung

### Szene 5: Clowns

*KV Ü2*

Inhalt: Die drei Clowns brummen und sprechen den kleinen Dialog, vgl. Text der Übung 2 in den Kopiervorlagen.

Ziel: Anwendung

Information für Lehrer

## Szene 6: Clowns (Sprachspiel)

Inhalt: Die drei Clowns brummen und sprechen Variationen in Melodie und Pausierung zu „Paula will Paul nicht", vgl. Text der Übung 4 in den Kopiervorlagen.

Ziel: Automatisierung und spielerische Variation

## Szene 7: Zauberer (Abspann)

Will Paula? Will Paul? Probiert es selbst. Simsalabim.

### 1.1.2 Begleitbuch (Kopiervorlagen) / Audiokassette (Dauer: 6.30 Min.)

Inhalt: vgl. Kopiervorlagen (1–4)

## Übung 1: *Wer kennt wen?*

Ziele der Übungsteile

| | | |
|---|---|---|
| TA 1 | a) | Identifizieren (Erkennen) von Melodieverläufen |
| TA 1 | b) | Hörkontrolle |
| TA 2 | c) | Automatisierung durch Nachsprechen |
| | d) | Automatisierung durch dialogisches Lesen |
| | e) | Anwendung: Wahl vorgegebener Äußerungen und Reaktion als dialogische Übung |
| | f) | Anwendung: Wahl der Inhalte bei vorgegebener Form, dialogische Übung |

VIDEO SZENE 5

## Übung 2: *Morgen!*

Ziele der Übungsteile

| | | |
|---|---|---|
| TA 3 | a) | Verstehendes Hören |
| TA 3 | b) | Hören und vergleichendes Mitlesen |
| TA 3 | c) | Hörkontrolle |
| TA 3 | d) | Automatisierung durch halblautes Mitlesen |
| | e) | Automatisierung durch dialogisches Lesen |
| | f) | Anwendung: Nachspielen |

VIDEO SZENE 4

## Übung 3: *Was ist in der Kiste?*

Ziele der Übungsteile

| | | |
|---|---|---|
| TA 4 | a) | Verstehendes Hören |
| TA 4 | b) | Hören und vergleichendes Mitlesen |
| TA 4 | c) | Hörkontrolle |
| TA 4 | d) | Automatisierung durch halblautes Mitlesen |
| | e) | Automatisierung durch dialogisches Lesen |
| | f) | Anwendung: Nachspielen |

VIDEO SZENE 6

## Übung 4: *Paula und Paul*

Ziele der Übungsteile

| | | |
|---|---|---|
| | a) | selbständige Arbeit: Varianten für Melodie und Pausen finden |
| TA 5 | b) | Hörkontrolle |
| | c) | Vergleich der eigenen und der gehörten Varianten |
| | d) | Anwendung: Gruppenübung |
| | e) | Anwendung: Partnerübung |

Information für Lehrer

Übung 5: Alles Lüge!

VIDEO
SZENE 2

Ziele der Übungsteile

a)      Verstehendes Hören      *TA 6*

b)      Hören und vergleichendes Mitlesen      *TA 6*

c)      Hörkontrolle      *TA 6*

d)      Automatisierung durch dialogisches Lesen

e)      Anwendung: Nachspielen

f)      Anwendung: Variation

*Texte zum Weiterüben*

1      *Halloh, wer da (Jürgen Spohn)*      *TA 7*

2      *Der freche Weckdienst (Erwin Grosche)*      *TA 8*

3      *denk-spiel (Timm Ulrichs)*      *TA 9*

Ziele der Übungsteile

a)      Verstehendes Hören

b)      Hören und vergleichendes Mitlesen

c)      Hören und auf Satzmelodie achten

d)      Automatisierung durch halblautes Mitlesen

e)      Automatisierung durch Vorlesen

sowie      Anwendung: freies Sprechen, Diskussion

## 1.2    Didaktische Hinweise

Tipp 1:    Melodieverläufe der ganzen Äußerungen oder der Endverläufe brummen.

Tipp 2:    Bei allen Beispielsätzen (an der Tafel oder im Arbeitsblatt) Melodiepfeile einzeichnen.

Tipp 3:    Beim Hören und Sprechen oder Lesen begleitende Hand- oder Armbewegungen machen.

Tipp 4:    Den ganzen Körper einsetzen: Beispiele im Stehen hören bzw. nachsprechen oder sprechen – bei fallender Melodie hinsetzen, bei steigender Melodie Arme heben, bei gleich bleibender Melodie horizontale Bewegung mit der Hand machen.

## 1.3    Kenntnisse

**Regeln:**

1. Die Melodie fällt am Satzende (= terminal) in
   Aussagen: *Ich kenne Beethoven.* ↘
   Ergänzungsfragen (W-Fragen): *Wer kennt Mozart?* ↘
   Imperativen: *Ein Glas Wasser!* ↘

2. Die Melodie steigt am Satzende (= interrogativ) in
   Entscheidungsfragen (Ja-Nein-Fragen): *Kennst du Bach?* ↗
   freundlichen Ergänzungsfragen, Imperativen und Ausagen: *Was möchten Sie?* ↗
   *Ein Glas Wasser, bitte!* ↗ *Hier ist das Wasser.* ↗

3. Die Melodie bleibt gleich vor Pausen in unvollständigen Sätzen (progredient):
   *Ich kenne Beethoven* →, *Bach* →, *Mozart* → *– und Elvis.*

Information für Lehrer

## Für die Lernenden:

Die Melodie steigt ↗, fällt ↘, bleibt gleich → in:

| | ↗ | ↘ | → |
|---|---|---|---|
| Aussagen | | | |
| Entscheidungsfragen | | | |
| unvollständigen Sätzen (Komma/Pause) | | | |

## Lösung

| | ↗ | ↘ | → |
|---|---|---|---|
| Aussagen | | x | |
| Entscheidungsfragen | x | | |
| unvollständigen Sätzen (Komma/Pause) | | | x |

Es folgen:

## 1.4  Kopiervorlagen der Arbeitsblätter
## 1.5  Lösungen

Information für Lehrer

# 1. Hm? – Hm ... – Hm!  Melodie

## Übung 1: Wer kennt wen?

**a) Aufnahme 1 hören und still mitlesen**

1. Sim kennt Beethoven.
2. Edith kennt Bach.
3. Lothar kennt Mozart, Bach und Beethoven.
4. Klaus kennt Schiller.
5. Peter kennt Goethe.
6. Frieder kennt alle.

**b) Aufnahme 1 hören und Satzzeichen in a) ergänzen (.oder?)**

**c) Aufnahme 2 hören und Sätze nachsprechen**

1. Sim kennt Beethoven. – Sim kennt Beethoven?
2. Edith kennt Bach. – Edith kennt Bach?
3. Lothar kennt Mozart, Bach und Beethoven. –
   Lothar kennt Mozart, Bach und Beethoven?
4. Klaus kennt Schiller. – Klaus kennt Schiller?
5. Peter kennt Goethe. – Peter kennt Goethe?
6. Frieder kennt alle. – Frieder kennt alle?

**d) Sätze aus c) zu zweit lesen**

**e) zu zweit üben:**

   *A sagt einen Satz mit steigender oder fallender Melodie,*
   *B ergänzt den Satz mit der entgegengesetzten Melodieform*

   A: Peter kennt Goethe.      A: Edith kennt Bach?
   B: Peter kennt Goethe?      B: Edith kennt Bach.

**f) zu zweit üben (auch andere „berühmte" Namen verwenden)**

   A: Ich kenne ... .
   B: Du kennst ... ?
      Kennst du auch ... ?
   A: Ja/Nein.

## Übung 2: Morgen!

*a) Aufnahme 3 hören*

*b) Aufnahme 3 hören und still mitlesen*

| | | | |
|---|---|---|---|
| Bim: | Hm-Hm-Hm-Hm! | Bim / Sim: | Hm? |
| Sim: | Hm-Hm-Hm-Hm! | Sala: | Ach so. |
| Bim: | Hm-Hm-Hm-Hm? | Bim / Sim: | Hm-Hm! |
| Sim: | Hm, Hm-Hm-Hm | | |
| Sala: | Hm? | | |
| Bim: | Guten Morgen! | | |
| Sim: | Guten Morgen! | | |
| Bim: | Kommst du morgen? | | |
| Sim: | Ja, am Morgen. | | |
| Sala: | Hm-Hm! | | |

*c) Aufnahme 3 hören und an den Satzzeichen Melodiepfeile eintragen*

*d) Aufnahme 3 hören und halblaut mitlesen*

*e) zu dritt vorlesen*

*f) zu dritt spielen*

## Übung 3: Was ist in der Kiste?

*a) Aufnahme 4 hören*

*b) Aufnahme 4 hören und still mitlesen*

| | | | |
|---|---|---|---|
| Keti: | Was ist in der Kiste? | Khalil: | Papier? |
| Mariana: | Das sage ich euch nicht. Ihr müsst raten. | Mariana: | Keine Bücher, kein Geld und kein Papier. |
| Khalil: | Bücher? | Keti: | Was ist dann in der Kiste? |
| Mariana: | Nein, keine Bücher. | Mariana: | Nichts, nur Luft. |
| Keti: | Geld? | Keti: | Oh! |
| Mariana: | Keine Bücher und kein Geld. | | |

*c) Aufnahme 4 hören und an den Satzzeichen Melodiepfeile eintragen*

*d) Aufnahme 4 hören und halblaut mitlesen*

*e) zu dritt vorlesen*          *f) zu dritt spielen*

# Übung 4: Paula und Paul

*a) Sätze still lesen, möglichst viele Varianten für Melodie und Pausen finden*
*(Satzzeichen und Melodiepfeile eintragen)*

| | | | | |
|---|---|---|---|---|
| 1. | Paula will Paul nicht | | 5. | Paula will Paul nicht |
| 2. | Paula will Paul nicht |  | 6. | Paula will Paul nicht |
| 3. | Paula will Paul nicht | | 7. | Paula will Paul nicht |
| 4. | Paula will Paul nicht | | 8. | Paula will Paul nicht |

*b) Aufnahme 5 hören und in den Sätzen Satzzeichen und Melodiepfeile eintragen, Lösung vergleichen*

| | | | |
|---|---|---|---|
| 1. | Hm-Hm-Hm-Hm-Hm | | Paula will Paul nicht |
| 2. | Hm-Hm-Hm-Hm-Hm |  | Paula will Paul nicht |
| 3. | Hm-Hm-Hm-Hm-Hm | | Paula will Paul nicht |
| 4. | Hm-Hm-Hm-Hm-Hm | | Paula will Paul nicht |
| 5. | Hm-Hm-Hm-Hm-Hm | | Paula will Paul nicht |

*c) eigene Varianten (a) und Beispiele aus (b) vergleichen –*
*Wie viele Übereinstimmungen gibt es?*

*d) Gruppenübung: eine Variante aus (b) brummen oder summen – wer erkennt sie?*

*e) zu zweit üben: A brummt ein Beispiel – B spricht es*

# Übung 5: Alles Lüge!

*a) Aufnahme 6: Sketch hören*

*b) Aufnahme 6 mehrmals hören und still mitlesen*

Sala:  Kennst du Beethoven?
Sim:  Ja, natürlich.
Sala:  Du kennst Beethoven? Wirklich?
Sim:  Klar, den habe ich am Montag im Stadtcafé getroffen.
Sala:  Was? Jetzt lügst du aber!
Sim:  Ich lüge nie.
Sala:  Doch. Am Montag ist das Stadtcafé nämlich geschlossen.

*c) Aufnahme 6 hören und Melodiepfeile an den Satzzeichen eintragen*

*d) zu zweit lesen*

*e) spielen*

*f) variieren (andere Personen, an anderen Orten)*

# Texte zum Weiterüben

Aufnahmen 7, 8, 9:

**a) hören**

**b) hören und still mitlesen**

**c) hören und auf Satzmelodie achten**

**d) hören und halblaut mitlesen**

**e) laut vorlesen**

1.

## Halloh, wer da

Ich komme schon
sag ich zu dem Telefon
Halloh, wer da?
Ach so, ja ja
Mir danke gut
Was man so tut
Wie, was, wieso?
Wann, weshalb, wo?
Genau, ja das
Wie bitte, was?
Ich kleiner Dicker?
Sie unverschämter
Krümelpicker!

*Jürgen Spohn*

• **Was hat der/die andere gesagt?**

_____

_____

_____

_____

_____

_____

_____

_____

2. *Der freche Weckdienst*

 8

Guten Morgen. Es ist 7 Uhr, Sie wollten um 10 Uhr geweckt werden.

Guten Morgen. Wollten Sie geweckt werden? Es ist 7 Uhr.

Guten Morgen. Es ist 7 Uhr, Sie wollten um 5 Uhr geweckt werden.

Guten Morgen. Hatten Sie ein Taxi bestellt? Nicht! Aber es ist da.

Guten Morgen. Es ist 7 Uhr, könnten Sie sich vorstellen, wer aus unserem Hotel
  ein Taxi bestellt haben könnte?

Guten Morgen. Könnten Sie mir sagen, wie spät wir es haben?

Guten Morgen. Es ist 7 Uhr, und ich hatte nichts zu tun. Ich dachte mir, ich wecke Sie,
  vielleicht können wir zusammen reden.

Guten Morgen. Es ist 7 Uhr, Sie wollten auf gar keinen Fall vor 11 Uhr geweckt werden.

*Erwin Grosche*

• **Was kann der freche Weckdienst noch sagen? Was kann man antworten?**

_____

_____

_____

_____

3.

**denk-spiel**
(nach Descartes)

ich denke, also bin ich.
ich bin, also denke ich.
ich bin also, denke ich.
ich denke also: bin ich?

*Timm Ulrichs*

  9

• **Wer war Descartes? Sehen Sie im Lexikon nach.**

_____    _____
_____    _____
_____    _____
_____    _____
_____    _____
_____    _____

# Lösungen

**1c)**
1. Sim kennt Beethoven?
2. Edith kennt Bach.
3. Lothar kennt Mozart, Bach und Beethoven.
4. Klaus kennt Schiller?
5. Peter kennt Goethe.
6. Frieder kennt alle?

**2c)**

| | |
|---|---|
| Bim: | Hm-Hm-Hm-Hm! ↓ |
| Sim: | Hm-Hm-Hm-Hm! ↓ |
| Bim: | Hm-Hm-Hm-Hm? ↑ |
| Sim: | Hm, → Hm-Hm-Hm. ↓ |
| Sala: | Hm? ↑ |
| Bim: | Guten Morgen! ↓ |
| Sim: | Guten Morgen! ↓ |
| Bim: | Kommst du morgen? ↑ |
| Sim: | Ja, → am Morgen. ↓ |
| Sala: | Hm-Hm! ↓ |
| Bim / Sim: | Hm? ↑ |
| Sala: | Ach so. ↓ |
| Bim / Sim: | Hm-Hm! ↓ |

**3c)**

| | |
|---|---|
| Keti: | Was ist in der Kiste? ↑ |
| Mariana: | Das sage ich euch nicht. ↓Ihr müsst raten. ↓ |
| Khalil: | Bücher? ↑ |
| Mariana: | Nein,→ keine Bücher. ↓ |
| Keti: | Geld? ↑ |
| Mariana: | Keine Bücher → und kein Geld. ↓ |
| Khalil: | Papier? ↑ |
| Mariana: | Keine Bücher, → kein Geld und kein Papier. ↓ |
| Keti: | Was ist dann in der Kiste? ↓ |
| Mariana: | Nichts, → nur Luft. ↓ |
| Keti: | Oh! ↓ |

**4b)**
1. Hm-Hm-Hm-Hm-Hm. ↓ — Paula will Paul nicht. ↓
2. Hm-Hm-Hm-Hm-Hm? ↑ — Paula will Paul nicht? ↑
3. Hm-Hm-Hm, →-Hm-Hm. ↓ — Paula will, → Paul nicht. ↓
4. Hm-Hm-Hm, →-Hm-Hm? ↑ — Paula will, → Paul nicht? ↑
5. Hm-Hm, →-Hm-Hm-Hm? ↑ — Paula, → will Paul nicht?

**6c)**

| | |
|---|---|
| Sala: | Kennst du Beethoven?↑ |
| Sim: | Ja, → natürlich.↓ |
| Sala: | Du kennst Beethoven? ↑ Wirklich? ↑ |
| Sim: | Klar,→ den habe ich am Montag im Stadtcafé getroffen. ↓ |
| Sala: | Was? ↑ Jetzt lügst du aber! ↓ |
| Sim: | Ich lüge nie. ↓ |
| Sala: | Doch. ↓ Am Montag ist das Stadtcafé nämlich geschlossen. ↓ |

## *Texte zum Weiterüben*

### denk-spiel

Descartes [dɛˈkart], René (1596–1650) war ein französischer Mathematiker, Naturwissenschaftler und vor allem Philosoph. Das Besondere seiner Philosophie: Er weist seine Existenz damit nach, dass er ja denken kann, wenn er alles (auch seine eigene Existenz) bezweifelt („Ich denke, also bin ich.").

# 2. BABAMBA – BABABAM – BAMBABA!
## *Akzent und Rhythmus*

## 2.1 Zum Aufbau der Lektion

### 2.1.1 Video (Dauer: 4.40 Min.)

### Szene 1: Vorspann
Inhalt:    Clowns (ungeschminkt) und ausländische Studenten klopfen mit Rhythmusinstrumenten, klatschen und sprechen

| BaBamBa, BaBamBa, BaBaBam, BaBaBam, BamBaBa, BamBaBa, Bam |
| --- |

Ziel:    Eintauchübung

### Szene 2: Clowns (Sketch)
*KV Ü5*

Inhalt:    Zwei Clowns spielen den Dialog, vgl. Text der Übung 5 in den Kopiervorlagen.
Ziel:    Dialog zur Präsentation der Akzentsilben im Kontext

### Szene 3: Zauberer (Bewusstmachung)
Inhalt:    Zauberer spricht und zeigt (Schriftbild) Wortgruppen, in denen der Akzent entscheidend ist.
Ziel:    Demonstration und Bewusstmachen der Akzentstellen

| Zauberer: | Schriftbild: |
| --- | --- |
| Ach ja, das Fach Deutsch ist wirklich nicht einfach. | |
| einfach, | **ein**fach |
| ein Fach, | ein **Fach** |
| mein Lieblingsfach | mein **Lieb**lingsfach |
| Jedes Wort hat einen Akzent: SIMsalabim, | |
| SimSAlabim, SimsalaBIM, ja SimsalaBIM. | |
| Auch im Satz gibt es Akzente: Wie heißt **du**? und | |
| Wie **heißt** du? | |

### Szene 4: Clowns (Rap)
*KV Ü2*

Inhalt:    Die drei Clowns tanzen einen Rap und erzählen dabei, wer sie sind und woher sie kommen, vgl. Text der Übung 2 in den Kopiervorlagen.
Ziel:    Demonstration der Satzakzente und der rhythmischen Strukturen

Information für Lehrer

## Szene 5: Ausländische Studenten

Inhalt:  Drei ausländische Studenten fragen sich gegenseitig, wie sie heißen und woher sie kommen, und sie zeigen die Anwendung von Szene 4 ohne Rap aber mit deutlicher Akzentuierung:

| | |
|---|---|
| Mariana: | Ich heiße Mariana und wie heißt du? |
| Sylwia: | Du heißt Mariana, ich heiße Sylwia und wie heißt du? |
| Khalil: | Du heißt Mariana, du heißt Sylwia und ich heiße Khalil. |
| Mariana: | Du bist Khalil, du bist Sylwia und ich bin Mariana. Und ich komme aus Spanien. |
| Sylwia: | Ich komme aus Polen. |
| Khalil: | Und ich komme aus Marokko. |

Ziel:  Anwendung

*KV Ü4*

## Szene 6: Clowns (Sprachspiel)

Inhalt:  Ein Clown zeigt (an der Tafel) und demonstriert (Klatschen) Rhythmusmuster, der andere Clown ordnet passende Städtenamen zu, vgl. Text der Übung 4 in den Kopiervorlagen.

Ziel:  Automatisierung und spielerische Variation

## Szene 7: Zauberer (Abspann)

Und wie heißt deine Stadt? Und wo wohnst du? Simsalabim!

### 2.1.2  **Begleitbuch (Kopiervorlagen) / Audiokassette** (Dauer: 6.00 Min.)

Inhalt:  vgl. Kopiervorlagen (2.4)

## Übung 1: *Ganz einfach ●●● oder ●●● oder ●●●*

Ziele der Übungsteile

| | | |
|---|---|---|
| *TA 10* | a) | Hörkontrolle: Differenzieren der Rhythmusmuster |
| *TA 10* | b) | Automatisierung durch Hören, Klopfen und Nachsprechen |
| *TA 11* | c) | Vergleichendes Hören |
| *TA 12* | d) | Hörkontrolle: Identifizieren (Erkennen) der Akzente |
| *TA 12* | e) | Automatisierung durch Hören und Nachsprechen |
| | f) | Anwendung durch Üben zu zweit |

*VIDEO (SZENE4)*

## Übung 2: *Wer bist du? Woher kommst du?*

Ziele der Übungsteile

| | | |
|---|---|---|
| *TA 13* | a) | Vorbereitendes Hören |
| *TA 13* | b) | Hören und vergleichendes Mitlesen |
| *TA 13* | c) | Automatisierung durch halblautes Mitlesen |
| *TA 13* | d) | Automatisierung durch Lesen zu dritt |
| | e) | Anwendung durch Spielen zu dritt |

## Übung 3: *Liebe...*
Ziele der Übungsteile
| | | |
|---|---|---|
| a) | Verstehendes Hören | *TA 14* |
| b) | Hören und vergleichendes Mitlesen | *TA 14* |
| c) | Automatisierung durch Hören und Mitklopfen | *TA 14* |
| d) | Hörkontrolle: Identifizieren der betonten Wörter | *TA 14* |
| e) | Automatisierung durch halblautes Mitlesen | *TA 14* |
| f) | Anwendung durch spielerische Variation | |

## Übung 4: *Welcher Ort passt zu welchem Rhythmus?*
*VIDEO (SZENE 6)*

Ziele der Übungsteile
| | | |
|---|---|---|
| a) | Anwendung durch Hören und Nachsprechen | *TA 15* |
| b) | Hörkontrolle: Identifizieren der Rhythmusmuster | *TA 15* |
| c) | Anwendung durch Hören, Klatschen und Nachsprechen | *TA 16* |
| d) | Anwendung durch Üben zu zweit | |
| e) | Anwendung durch spielerische Variation | |
| f) | Anwendung durch Finden eigener Varianten | |

## Übung 5: *Einfach ein Fach!*
*VIDEO (SZENE 2)*

Ziele der Übungsteile
| | | |
|---|---|---|
| a) | Verstehendes Hören | *TA 17* |
| b) | Hören und vergleichendes Mitlesen | *TA 17* |
| c) | Hörkontrolle: Identifizieren (Erkennen) der betonten Wörter | *TA 17* |
| d) | Anwendung durch Lesen zu zweit | |
| e) | Anwendung durch Spielen zu zweit | |
| f) | Anwendung durch spielerische Variation | |

## Texte zum Weiterüben
| | | |
|---|---|---|
| 1 | Noch (Martin Auer) | *TA 18* |
| 2 | Es muss anders werden (Dieter Schneider) | *TA 19* |
| 3 | Kleiner Unsinn (Gottfried Herold) | *TA 20* |

Ziele der Übungsteile
| | |
|---|---|
| a) | Verstehendes Hören |
| b) | Hören und vergleichendes Mitlesen |
| c) | Hören und auf Akzentsilben achten |
| d) | Automatisierung durch halblautes Mitlesen |
| e) | Automatisierung durch Vorlesen |
| sowie | Anwendung: freies Sprechen, Diskussion |

Information für Lehrer

## 2.2 Didaktische Hinweise

Tipp 1:  Akzentsilben durch Gesten, Klatschen, Klopfen, Stampfen usw. hervorheben, immer mit Bewegung arbeiten.

Tipp 2:  Akzentvokale im Wort markieren: lang ( _ ), kurz ( . ).

Tipp 3:  Akzent- bzw. Rhythmusmuster visuell darstellen mit Rhythmuspunkten (z.B. ● ● ●) oder verschieden groß geschriebenen Silben (z.B. Ba**BAM**Ba).

Tipp 4:  Rhythmische Gedichte (vor allem Kinderverse wie: Er liebt mich, er liebt mich nicht...) sprechen.

## 2.3 Kenntnisse

### Regeln

Jedes Wort hat einen Akzent, auch im Satz gibt es Akzente. Akzentsilben sind: lauter, deutlicher, länger und – je nach Satzmelodie – höher – (in Aussagen) oder tiefer (in Fragen).
Für die Akzentuierung gibt es Regeln:

### Wortakzentuierung

1. Der Stamm wird betont:
- in einfachen deutschen Wörtern: ***Ho**se, **hö**ren;*
- in Wörtern mit den Vorsilben *be-, ge-, er-, ver-, zer-: be**hal**ten;*
- in untrennbaren Verben und davon abgeleiteten Substantiven auf *-ung:* *wieder**ho**len – Wieder**ho**lung.*

2. Der Wortanfang (Präfix) wird betont:
- in trennbaren Verben und davon abgeleiteten Substantiven: ***mit**kommen, **Ab**fahrt*
- in Zusammensetzungen mit *un-* und *ur-:* ***Ur**laub, **un**höflich.*

3. Das Bestimmungswort wird betont:
- in zusammengesetzten Substantiven und Adjektiven: ***Re**genschirm, **du**nkelblau*

4. Die letzte Silbe wird betont:
- in deutschen Wörtern mit der Nachsilbe *-ei: Poli**zei**;*
- in Buchstabenwörtern: *AB**C**;*
- in Wörtern, die auf *-ion* enden: *Explo**sion**.*

### Akzentuierung im Satz

Das wichtigste Wort wird betont:
> *Ich möchte ein Glas **Wasser**. (kein Bier)*
> *Ich möchte ein **Glas** Wasser. (keine Flasche)*
> *Ich möchte **ein** Glas Wasser. (nicht zwei)*

Information für Lehrer

## Für die Lernenden:

Im Vergleich zu den unbetonten Silben sind Akzentsilben:

|  | + | – |
|---|---|---|
| lauter | | |
| leiser | | |
| deutlicher | | |
| undeutlicher | | |
| länger | | |
| kürzer | | |
| höher | | |
| tiefer | | |

## Lösung

|  | + | – |
|---|---|---|
| lauter | x | |
| leiser | | x |
| deutlicher | x | |
| undeutlicher | | x |
| länger | x | |
| kürzer | | x |
| höher | x | |
| tiefer | x | |

Es folgen:

**2.4    Kopiervorlagen der Arbeitsblätter**

**2.5    Lösungen**

Information für Lehrer

# 2. BABAMBA – BABABAM – BAMBABA!
## Akzent und Rhythmus

## Übung 1: Ganz einfach ●●● oder ●●● oder ●●●

*a) Aufnahme 10 hören und richtiges Rhythmusmuster ankreuzen*

|  | ●●● | ●●● | ●●● |
|---|---|---|---|
| 1. Phonetik |  |  |  |
| 2. Wortakzent |  |  |  |
| 3. Konsonant |  |  |  |
| 4. Vokale |  |  |  |
| 5. Melodie |  |  |  |
| 6. Grammatik |  |  |  |

*b) Aufnahme 10 noch einmal hören, klopfen und nachsprechen*

*c) Aufnahme 11 hören und Wortpaare/Wortgruppen vergleichen*

1. ein **Fach** – **ein**fach
2. mehr **Was**ser – **Meer**wasser
3. vor **Mit**tag – **Vor**mittag
4. um**fah**ren – **um**fahren
5. jeder **Mann** – **je**dermann
6. Heute **so**, morgen **so**. – **Heute** so, **morgen** so.

*d) Aufnahme 12 ein Beispiel hören und unterstreichen*

1. ein Fach – einfach
2. mehr Wasser – Meerwasser
3. vor Mittag – Vormittag
4. umfahren – umfahren
5. jeder Mann – jedermann
6. Heute so, morgen so. – Heute so, morgen so.

*e) Wortpaare aus c) (Aufnahme 11) hören und nachsprechen*

*f) zu zweit üben: A sagt ein Beispiel des Paares – B ergänzt das andere*

# Übung 2: Wer bist du? Woher kommst du?

*a) Aufnahme 13 hören*

*b) Aufnahme 13 hören und still mitlesen, auf Akzentwörter achten*

| | |
|---|---|
| Sim: | Ich bin Sim. Und wer bist du? |
| Sala: | Du bist Sim. Ich bin Sala. Und wer bist du? |
| Bim: | Du bist Sim, du bist Sala. Und ich bin Bim. |
| Sim: | Ich komme aus Europa. Und woher kommst du? |
| Sala: | Du kommst aus Europa. Ich komme aus Deutschland. Und woher kommst du? |
| Bim: | Du kommst aus Europa, du kommst aus Deutschland. Und ich bin aus Berlin. |
| Sim: | Sim. |
| Sala: | Sala. |
| Bim: | Bim. |
| Alle: | Simsalabim. |

*c) Aufnahme 13 hören und halblaut mitlesen*

*d) zu dritt vorlesen*

*e) zu dritt spielen (mit Bewegungen)*

# Übung 3: Liebe ...

*a) Aufnahme 14 hören*

*b) Aufnahme 14 hören und still mitlesen*

Er liebt mich, er liebt mich nicht.
Er liebt mich, er liebt mich nicht.
Von Herzen, mit Schmerzen,
über alle Maßen, kann gar nicht von mir lassen.
Er liebt mich, er liebt mich nicht.

*c) Aufnahme 14 hören und Rhythmus mitklopfen*

*d) Aufnahme 14 hören und betonte Wörter unterstreichen*

*e) Aufnahme 14 hören und halblaut mitlesen*

*f) Text frei sprechen mit Gesten und Bewegungen, Abzählen an den Knöpfen usw.*

# Übung 4: Welcher Ort passt zu welchem Rhythmus?

**a) Aufnahme 15 hören und nachsprechen**

Berlin, Erfurt, Hannover, Marburg, Magdeburg, Neuruppin, Paderborn, Saarbrücken, Schwerin, Tübingen

**b) Orte zuordnen**

| | |
|---|---|
| 1 | •● _____ |
| 2 | ●• _____ |
| 3 | ●•• _____ |
| 4 | •●• _____ |
| 5 | ••● _____ |

**c) Lösung hören (Aufnahme 16), klatschen und nachsprechen**

**d) zu zweit üben: A klatscht ein Muster – B nennt einen passenden Ort**

**e) andere mehrsilbige Ortsnamen suchen und Muster zeichnen**

**f) Welchen Rhythmus ● ● ● haben Orte in anderen Ländern?**

| Rhythmus | Orte |
|---|---|
| | |
| | |
| | |
| | |

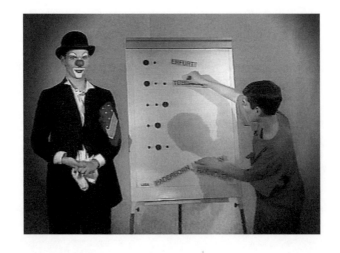

# Übung 5: Einfach ein Fach!

*a) Aufnahme 17: Sketch hören*

*b) Aufnahme 17 mehrmals hören und still mitlesen*

| | |
|---|---|
| Bim: | Na, wie geht's? |
| Sala: | Ach, ich bin müde. Aber ich muss lernen! |
| Bim: | Was lernst du denn? |
| Sala: | Ich lerne Deutsch. Ich lerne Grammatik und Phonetik. |
| Bim: | Aber das ist doch ganz einfach. |
| Sala: | Was ist einfach? |
| Bim: | Na, Deutsch ist einfach. |
| Sala: | Nein. Deutsch ist ein Fach. Mein Lieblingsfach. |
| | Verstehst du: Ein Fach, aber nicht einfach. |

*c) Aufnahme 17 hören und betonte Wörter unterstreichen*

*d) zu zweit lesen*

*e) spielen*

*f) variieren (z.B. andere Schulfächer)*

# Texte zum Weiterüben

Aufnahmen 18, 19, 20:

*a) hören*

*b) hören und still mitlesen*

*c) hören und auf betonte Wörter achten*

*d) hören und halblaut mitlesen*

*e) laut vorlesen*

1.

## »Noch«

*Noch* eine Autobahn,
*Noch* eine Forststraße,
*Noch* ein Flughafen,
*Noch* ein Bergwerk,
*Noch* ein Kraftwerk,
Noch *ein* Baum.

*Martin Auer*

• *Warum wird die letzte Zeile anders betont?*

• *Wie kann man das Gedicht weiterschreiben?*

_____

_____

_____

_____

_____

2.     Nicht mehr:   ES muss anders werden
                             IHR müsst anders werden
                             DU musst endlich anders werden
    Sondern:     ICH muss anders werden
    Sodann:      ICH bin anders geworden
                             DU darfst anders werden
                             IHR dürft anders werden
                             ES darf anders werden.

*Dieter Schneider*

**• Was soll alles anders werden?**

3.

# Kleiner Unsinn

Wernichtrichtiglesenkann
fangnochmalvonvornean
dennichschreibehierdieworte
andersalsmanseuchgelehrt
zwarnichtunbedingtverkehrt
sonderneinfachaneinander
dassmansienichtgleicherkennt
auchwennihrdasunsinnnennt
docheinkleinerunsinnmacht
dassmangerndarüberlacht.

*Gottfried Herold*

**• Wie sieht das Gedicht „normal" geschrieben aus?**

_____

_____

_____

_____

_____

_____

_____

_____

_____

_____

_____

# Lösungen

**1a)**

|  | ●●● | ●●● | ●●● |
|---|---|---|---|
| 1. Phonetik | x | | |
| 2. Wortakzent | | | x |
| 3. Konsonant | | x | |
| 4. Vokale | x | | |
| 5. Melodie* | | x | |
| 6. Grammatik | x | | |

**1d)**
1. ein **Fach** – **ein**fach
2. mehr **Was**ser – **Meer**wasser
3. vor **Mit**tag – **Vor**mittag
4. um**fah**ren – **um**fahren
5. jeder **Mann** – **je**dermann
6. Heute **so**, morgen **so**. –
   **Heute** so, **morgen** so.

(* je nachdem, ob das Wort in einer Äußerung mit fallender oder steigender Melodie gesprochen wird. Äußerung mit fallender Melodie: Akzentsilbe höher; Äußerung mit steigender Melodie: Akzentsilbe tiefer.)

**2b)**

Sim: Ich bin **Sim**. Und wer bist **du**?

Sala: Du bist **Sim**. Ich bin **Sa**la. Und wer bist **du**?

Bim: Du bist **Sim**, du bist **Sa**la. Und ich bin **Bim**.

Sim: Ich komme aus Eu**ro**pa. Und woher kommst **du**?

Sala: Du kommst aus Eu**ro**pa. Ich komme aus **Deutsch**land. Und woher kommst **du**?

Bim: Du kommst aus Eu**ro**pa, du kommst aus **Deutsch**land. Und ich bin aus Ber**lin**.

Sim: **Sim**.

Sala: **Sa**la.

Bim: **Bim**.

Alle: Simsala**bim**.

**3d)**

Er liebt mich, er liebt mich nicht.

Er liebt mich, er liebt mich nicht.

Von Herzen, mit Schmerzen,

über alle Maßen, kann gar nicht von mir lassen.

Er liebt mich, er liebt mich nicht.

**4b)**

| ●● | Berlin, Schwerin |
|---|---|
| ●● | Erfurt, Marburg |
| ●●● | Magdeburg, Tübingen |
| ●●● | Hannover, Saarbrücken |
| ●●● | Neuruppin, Paderborn |

**5c)**

Bim: Na, wie geht's?

Sala: Ach, ich bin müde. Aber ich muss lernen!

Bim: Was lernst du denn?

Sala: Ich lerne Deutsch. Ich lerne Grammatik und Phonetik.

Bim: Aber das ist doch ganz einfach.

Sala: Was ist einfach?

Bim: Na, Deutsch ist einfach.

Sala: Nein. Deutsch ist ein Fach. Mein Lieblingsfach. Verstehst du: Ein Fach, aber nicht einfach.

## Texte zum Weiterüben

### Noch

In der ersten bis fünften Zeile wird „noch" betont, weil es hier bedeutet, dass es immer mehr Autobahnen, Forststraßen, Flughäfen, Bergwerke, Kraftwerke gibt. In der letzten Zeile wird „ein" betont, weil es nur noch einen Baum gibt und „noch" hier eine einschränkende Bedeutung hat.

### Kleiner Unsinn

Wer nicht richtig lesen kann
fang noch mal von vorne an
denn ich schreibe hier die Worte
anders als mans euch gelehrt
zwar nicht unbedingt verkehrt
sondern einfach aneinander
dass man sie nicht gleich erkennt
auch wenn ihr das Unsinn nennt
doch ein kleiner Unsinn macht
dass man gern darüber lacht.

# 3. Ah! Eh! Ih! Oh! Uh! Vokale
## *(lang/ gespannt – kurz/ ungespannt)*

## 3.1 Zum Aufbau der Lektion

### 3.1.1 Video (Dauer: 8.20 Min.)

Szene 1: Vorspann

Inhalt:  Clowns (ungeschminkt) und ausländische Studenten sprechen einzeln und
gemeinsam.

| Ah – Eh – Ih – Oh – Uh. |
|---|

Ziel:  Eintauchübung

Szene 2: Clowns (Sketch)                                             *KV Ü5*

Ziel:  einführender Dialog zur Präsentation der langen und kurzen Vokale im Kontext

Inhalt:  Zwei Clowns spielen den Dialog, vgl. Text der Übung 5 in den Kopiervorlagen.

Szene 3: Zauberer (Bewusstmachung)

Inhalt:  Zauberer spricht und zeigt (Schriftbild, Gesten) eine Wortgruppe, in der lange und
kurze Vokale enthalten sind.

| **Zauberer:** | **Schriftbild:** |
|---|---|
| Ein Glas Wasser – wie gut! | |
| Ein Glas Wasser. | ein Glas Wasser |
| Vokale sind im Deutschen lang oder kurz. | |
| Glas – Wasser | |

Ziel:  Demonstration und Differenzierung der langen und kurzen Vokale

Szene 4: Clowns                                                      *KV Ü2*

Inhalt:  Zwei Clowns sortieren auf dem Tisch Gegenstände danach, ob die sie bezeichnenden
Wörter lange oder kurze Vokale enthalten, vgl. Text der Übung 2 in den Kopiervorlagen.

Ziel:  Demonstration der langen und kurzen Vokale in der Opposition

## Szene 5: Ausländische Studenten

Inhalt: Ausländische Studenten demonstrieren lange und kurze Vokale mit entsprechenden Gesten.

> Brot – ein Brot
> Brötchen – ein Brötchen
> Fisch – ein Fisch
> Glas – ein Glas
> Käse – So ein Käse.
> Kuchen – ein Kuchen
> Schüssel – eine Schüssel
> Löffel – ein Löffel
> Tasse – eine Tasse
> Tee – ein Tee
> Teller – ein Teller
> Topf – ein Topf
> Tüte – eine Tüte
> Wurst – eine Wurst
> Zwiebel – eine Zwiebel

Ziel: Anwendung, Verbindung von Aussprache und Bewegung

*KV Ü4*

## Szene 6: Clowns (Sprachspiel)

Inhalt: Zwei Clowns bringen einem Clown Kleidungsstücke und andere Dinge und benennen alles, ein Clown markiert an der Tafel, ob die Vokale in den Wörtern lang oder kurz sind.

> Sala: Ein Hemd. Sein Hemd.
> Sim: Ein Strumpf.
> Sala: Eine Hose. Eine schöne Hose.
> Sim: Dein Schuh.
> Sala: Eine Jacke. Eine sehr schöne Jacke.
> Sim: Passt (zeigt einen Wecker)! Das ist deine Uhr.
> Sala: Oh, ein Regenschirm. Ein Schirm.
> Sim: Und – dein Schal.
> Sala: Ein Spiegel. So schön.
> Sim: So, jetzt ist alles da. Frage: Ist der betonte Vokal lang oder kurz?

**Schrifttafel**

> das Hemd
> die Hose
> ein Strumpf
> ein Schuh
> die Jacke
> der Schal
> die Uhr
> ein Schirm
> ein Spiegel

Ziel: Anwendung und spielerische Variation

Szene 7: Zauberer (Abspann)
           Und was habt ihr an? Simsalabim!

### 3.1.2 Begleitbuch (Kopiervorlagen) / Audiokassette (Dauer: 6.20 Min.)
Inhalt:     vgl. Kopiervorlagen (3.4)

## Übung 1: Der Einkauf
Ziele der Übungsteile

| | | |
|---|---|---|
| a) | Hören und Differenzieren der langen und kurzen Vokale | *TA 21* |
| b) | Ordnen der langen und kurzen Vokale | *TA 21* |
| c) | Automatisieren durch Hören und Nachsprechen | *TA 21* |
| d) | Anwendung durch Üben zu zweit | |

## Übung 2: Wer nimmt was? *VIDEO (SZENE 4)*
Ziele der Übungsteile

| | | |
|---|---|---|
| a) | Vorbereitendes Hören | *TA 22* |
| b) | Hören und vergleichendes Mitlesen | *TA 22* |
| c) | Hörkontrolle: Markieren der kurzen und langen Vokale | *TA 22* |
| d) | Automatisierung durch halblautes Mitlesen | *TA 22* |
| e) | Automatisierung durch Lesen zu zweit | |
| f) | Anwendung durch Spielen (und Variieren) zu zweit | |

## Übung 3: Große Auswahl
Ziele der Übungsteile

| | | |
|---|---|---|
| a) | Hören und vergleichendes Mitlesen | *TA 23* |
| b) | Hörkontrolle: Markieren der kurzen und langen Vokale | *TA 23* |
| c) | Automatisierung durch halblautes Mitlesen | *TA 23* |
| d) | Automatisierung durch Lesen zu zweit | |
| e) | Anwendung durch spielerische Variation von Subjekten und Objekten | |

## Übung 4: Bim zieht sich an *VIDEO (SZENE 6)*
Ziele der Übungsteile

| | | |
|---|---|---|
| a) | Automatisierung durch Hören und Nachsprechen | *TA 24* |
| b) | Anwendung durch Variation | |
| c) | Anwendung/ Automatisierung durch Vorlesen | |
| d) | Anwendung durch spielerische Variation in der Gruppe | |

## Übung 5: Ein Glas Wasser *VIDEO SZENE 2)*
Ziele der Übungsteile

| | | |
|---|---|---|
| a) | Verstehendes Hören | *TA 25* |
| b) | Hören und vergleichendes Mitlesen | *TA 25* |
| c) | Automatisierung durch Lesen zu dritt | |
| d) | Anwendung durch Spiel | |
| e) | Anwendung durch spielerische Variation | |

Information für Lehrer

Texte zum Weiterüben

Ziele der Übungsteile

a)       Verstehendes Hören
b)       Hören und vergleichendes Mitlesen
c)       Hören und auf lange und kurze Vokale achten
d)       Automatisierung durch halblautes Mitlesen
e)       Automatisierung durch Vorlesen
sowie    Anwendung: freies Sprechen, Diskussion

## 3.2    Didaktische Hinweise

Tipp 1:   Bildung langer und kurzer Vokale mit entsprechenden Gesten (lang = Arme weit aus-
          einander, großer Schritt; kurz = Klatschen, kurzer Schritt usw.) unterstützen – aber je-
          der sollte „seine" Gesten selbst finden.

Tipp 2:   Im Schriftbild lange Vokale (mit _ ) und kurze (mit . ) unter dem Vokalbuchstaben
          kennzeichnen.

Tipp 3:   Länge und Kürze beim Präsentieren und Üben übertreiben.

## 3.3    Kenntnisse

**Regeln:**

Die wichtigsten Merkmale der deutschen Vokale sind die Länge und Kürze
(Quantität) darin unterscheiden sich

| | | |
|---|---|---|
| a: | [a] | Herr M**aa**n – Herr M**a**nn |
| e: | [ɛ] | Herr M**eh**ler – Herr M**e**ller |
| i: | [ɪ] | Herr B**ie**le – Herr B**i**lle |
| o: | [ɔ] | Herr K**oh**ler – Herr K**o**ller |
| u: | [ʊ] | Herr B**uh**ne – Herr B**u**nne |
| ø: | [œ] | Herr M**öh**ler – Herr M**ö**ller |
| y: | [ʏ] | Herr M**üh**ler – Herr M**ü**ller |

Die langen Vokale sind gespannter, die kurzen ungespannter (lockerer).

Lange Vokale erkennt man im Schriftbild an der Doppelschreibung des Vokalbuchstabens (*aa, ee, oo, ie*) und am nachfolgenden *h*: *Haar, Tee, Boot, viel,
sehen, sieh*t.

Kurze Vokale erkennt man an nachfolgenden doppelt geschriebenen Konsonanten:
*bitte, kommen*. Oft ist der Vokal auch kurz, wenn ihm drei oder mehr Konsonanten
folgen: *Wurst, Herbst*.

Information für Lehrer

## Für die Lernenden

| Was ist richtig? | + | – |
|---|---|---|
| Es gibt nur lange Vokale. | | |
| Es gibt nur kurze Vokale. | | |
| Es gibt lange und kurze Vokale. | | |
| Vokal + h ist lang. | | |
| Doppelvokale sind kurz. | | |
| Vokal vor Doppelkonsonant ist kurz. | | |

## Lösung

| | + | – |
|---|---|---|
| Es gibt nur lange Vokale. | | x |
| Es gibt nur kurze Vokale. | | x |
| Es gibt lange und kurze Vokale. | x | |
| Vokal + h ist lang. | x | |
| Doppelvokale sind kurz. | | x |
| Vokal vor Doppelkonsonant ist kurz. | x | |

Es folgen:

## 3.4 Kopiervorlagen der Arbeitsblätter

## 3.5 Lösungen

Information für Lehrer

# 3. Ah! Eh! Ih! Oh! Uh!
## Vokale (lang/gespannt – kurz/ungespannt)

### Übung 1: Der Einkauf

**a) Aufnahme 21 hören und auf die dick gedruckten Vokale achten**

1. sieben *Liter Milch*
2. vier *Kilo Fisch*
3. acht *Flaschen Sahne*
4. zehn *Päckchen Tee*
5. zwölf *Brötchen*
6. ein *Topf Honig*
7. ein *Pfund Butter*
8. fünf grüne *Schüsseln*

**b) Substantive (schräg gedruckt) aus a) sortieren**

|     | lang | kurz |
| --- | --- | --- |
| 1. | | |
| 2. | | |
| 3. | | |
| 4. | | |
| 5. | | |
| 6. | | |
| 7. | | |
| 8. | | |

**c) Aufnahme 21 hören und nachsprechen**

**d) zu zweit üben und Angaben in Klammern verwenden**

A: Ich möchte bitte <u>vier Kilo Fisch</u>.
B: <u>Vier Kilo?</u> So viel habe ich nicht.
A: Dann nehme ich <u>vier Pfund</u>.

1. sieben Liter Milch    (vier Liter)
2. vier Kilo Fisch    (vier Pfund)
3. acht Flaschen Sahne    (fünf Flaschen)
4. zehn Päckchen Tee    (acht Päckchen)
5. zwölf Brötchen    (zehn)
6. einen Topf Honig    (ein Glas)
7. ein Pfund Butter    (ein Stück)
8. fünf grüne Schüsseln    (vier)

# Übung 2: Wer nimmt was?

*a) Aufnahme 22 hören*

*b) Aufnahme 22 hören und still mitlesen*

| | | | |
|---|---|---|---|
| Sala: | Ich nehme die langen Vokale. | Sim: | *Wurst.* |
| Sim: | Und ich die kurzen. | Sala: | *Zwiebel.* |
| | *Schüssel.* | Sim: | *Fisch. Tasse.* |
| Sala: | *Tüte.* | Sala: | *Glas.* |
| Sim: | *Topf.* | Sim: | *Teller.* |
| Sala: | *Brot.* | Sala: | *Tee.* |
| Sim: | *Löffel.* | Sim: | *Käse.* |
| Sala: | *Brötchen. Kuchen.* | Sala: | *Käse.* |

*c) Aufnahme 22 hören und Länge der Vokale in den Substantiven (schräg gedruckt) markieren (lang _ / kurz . )*

*d) hören und halblaut mitlesen*

*e) zu zweit vorlesen*

*f) zu zweit spielen (auch andere Gegenstände nach langen und kurzen Vokalen sortieren)*

# Übung 3: Große Auswahl

*a) Aufnahme 23 hören und still mitlesen*

1. Anna trinkt Apfelsaft.
2. Ina trinkt Kirschsaft.
3. Otto isst Obstkuchen.
4. Ulla isst Zuckerkuchen.
5. Hanna isst Schlagsahne.
6. Die Katze trinkt Kaffeesahne.
7. Ute isst ein Wurstbrötchen.
8. Olga isst ein Honigbrötchen.

*b) hören und in den Namen und Substantiven die Akzentvokale markieren (lang _ / kurz . )*

*c) Aufnahme 23 hören und halblaut mitlesen (auf alle Vokale achten)*

*d) zu zweit vorlesen*

*e) andere Namen einsetzen und andere Zusammensetzungen bilden*

# Übung 4: Bim zieht sich an

**24**

**a) Aufnahme 24 hören und nachsprechen**

ein Hemd, eine Hose, ein Strumpf, ein Schuh, eine Jacke, ein Schal,
eine Uhr, ein Schirm, ein Spiegel

**b) eigene Kleidungsstücke aufschreiben und nach der Länge des betonten Vokals einordnen**

| kurz | lang |
|------|------|
|      |      |
|      |      |
|      |      |
|      |      |
|      |      |

**c) Wörter vorlesen**

**d) Kleidungsstücke eines anderen nennen**

> (Variante: mit Attributen ergänzen, z. B. ein grünes Hemd, eine rote Hose, ... – die anderen sagen, wer dieses Kleidungsstück anhat)

# Übung 5: Ein Glas Wasser

**25**

**a) Aufnahme 25: Sketch hören**

**b) Aufnahme 25 mehrmals hören und still mitlesen**

| | |
|---|---|
| Bim: | Bitte? |
| Sala: | Ein Glas Wasser, bitte. |
| Sim: | Ich möchte auch Wasser, aber in einem sauberen Glas. |
| Bim: | Gern. |
| Bim: | So. Hier die zwei Wasser. Wer bekommt das saubere Glas? |

**c) zu dritt lesen**

**d) spielen**

**e) variieren (z.B. anderes Getränk einsetzen)**

# Texte zum Weiterüben

Aufnahmen 26, 27, 28 :

*a) hören*

*b) hören und still mitlesen*

*c) hören und auf lange und kurze Vokale achten*

*d) hören und halblaut mitlesen*

*e) laut vorlesen*

1.

### Eine Hälfte

Nur eine Hälfte
meines Lebens
ist Schule.
Die andere Hälfte:
spazieren im Wald,
mit Freunden reden,
Musik hören,
leben.

*Heinz J. Zechner*

• *Wie kann man sein Leben noch einteilen?*

2.    **sieben weltwunder**

 und das wievielte bin ich?
und das wievielte bist du?
und das wievielte ist die kuh?
und das wievielte ist der uhu?
und das wievielte ist das känguruh?
und das wievielte ist der marabu?
und wieviele bleiben übrig
wenn es den marabu und das känguruh und den uhu
    und die kuh und dich und mich
einmal nicht mehr gibt?

*Ernst Jandl*

• *Wie heißen die richtigen Weltwunder?*

_____

_____

_____

_____

 3.    **Eine Schwarz-Weiß-Geschichte**

*An einem Montag im Januar wurden alle Farben verboten. In den Zeitungen konnte man lesen, dass ab jetzt alle Dinge nur noch schwarz oder weiß sein dürfen. Das Leben und Denken sollte endlich einfacher werden. Die Regierung hatte auch gleich ein Gesetz ge-*  *schrieben: Wer in grünen oder roten Sachen auf die Straße ging, musste eine Geldstrafe bezahlen.*

 *Bald sah man auf den Straßen und Plätzen nur noch Menschen mit schwarzen oder weißen Jacken, Hemden, Hosen, Blusen und Kleidern. Auch die Häuser durften keine andere Farbe haben. Das war zwar ein bisschen langweilig. Aber man konnte Menschen und Dinge ohne Probleme in „Schwarz" und „Weiß" unterscheiden. Schwierigkeiten machten nur einige Schwarz-Weiße, die sich nicht ganz entscheiden konnten. Man dachte gerade über ein neues Gesetz für diese Ausnahmen nach ... Da sah man die ersten Menschen mit roten und gelben Blumen in den Händen, in den Haaren, an den Kleidern.*

*„Wir haben die Blumen und Bäume vergessen", riefen die Leute von der Regierung. „Wir müssen ein neues Gesetz schreiben". – Aber es war schon zu spät. Der Frühling hatte begonnen ...*

*Kerstin Reinke*

• *Welche Vorteile und welche Nachteile hätte so ein Schwarz-Weiß-Land für die Politiker, für die Maler, für die Kinder ...?*

# Lösungen

**1b)**

|  | lang | kurz |
|---|---|---|
| 1. | Liter | Milch |
| 2. | Kilo | Fisch |
| 3. | Sahne | Flaschen |
| 4. | Tee | Päckchen |
| 5. | Brötchen | |
| 6. | Honig | Topf |
| 7. | | Pfund, Butter |
| 8. | | Schüsseln |

**2c)**

Sala:   Ich nehme die langen Vokale.

Sim:    Und ich die kurzen. *Schüssel.*

Sala:   *Tüte.*

Sim:    *Topf.*

Sala:   *Brot.*

Sim:    *Löffel.*

Sala:   *Brötchen. Kuchen.*

Sim:    *Wurst.*

Sala:   *Zwiebel.*

Sim:    *Fisch. Tasse.*

Sala:   *Glas.*

Sim:    *Teller.*

Sala:   *Tee.*

Sim:    *Käse.*

Sala:   *Käse.*

**3b)**

1. Anna trinkt Apfelsaft.     2. Ina trinkt Kirschsaft.
3. Otto isst Obstkuchen.      4. Ulla isst Zuckerkuchen.
5. Hanna isst Schlagsahne.    6. Die Katze trinkt Kaffeesahne.
7. Ute isst ein Wurstbrötchen. 8. Olga isst ein Honigbrötchen.

## Texte zum Weiterüben

### sieben weltwunder

Die richtigen sieben Weltwunder (von Antipatros von Sidon um 150 v.Chr. genannt)
sind folgende Bauwerke der Antike:

1. der Artemis-Tempel in Ephesos;
2. die ägyptischen Pyramiden bei Gizeh;
3. das Goldelfenbeinbild des Zeus im Tempel von Olympia;
4. der Leuchtturm von Pharos vor Alexandria;
5. der Koloss von Rhodos;
6. die Hängenden Gärten der Semiramis in Babylon;
7. das Mausoleum in Halikarnassos.

# 4. Schön grün! *Ö- und Ü-Laute*

## 4.1 Zum Aufbau der Lektion

### 4.1.1 Video (Dauer: 6.30 Min.)

### Szene 1: Vorspann
Inhalt:   Clowns (ungeschminkt) und ausländische Studenten sprechen

> Schön. Schön? Sehr schön. Hm, sehr schön?
> So schön! Schön

Ziel:    Eintauchübung

*KV Ü5*

### Szene 2: Clowns (Sketch)
Inhalt:   Zwei Clowns spielen den Dialog, vgl. Text der Übung 5 in den Kopiervorlagen.
Ziel:    einführender Dialog zur Präsentation der Ö- und Ü-Laute im Kontext

### Szene 3: Zauberer (Bewusstmachung)
Inhalt:   Zauberer spricht und zeigt (Schriftbild) Wörter mit Ö und Ü

| Zauberer: | Schriftbild: |
|---|---|
| Blumen sind schön. Bäume sind auch schön. Schön grün. | |
| schön – grün | schön – grün |
| Die Lippen sind rund. Wir üben das so: Iii – Üüü, Eee – Ööö | |

Ziel:    Demonstration und Differenzierung der I- und Ü-Laute und der E- und Ö-Laute

### Szene 4: Clowns
Inhalt:   Die drei Clowns zeigen, wie man die Ö- und Ü-Laute ableiten kann und sprechen Wörter mit diesen Vokalen.

| | |
|---|---|
| Sala: | Iiiiüüü, Iiiiüüü, Üüü – grün, grün |
| Sim: | Iiiiüüü, Iiiiüüü, Üüü – grün, grün |
| Bim: | Eeeöööö, Eeeöööö, Ööö – schön, schön |
| Sim: | Eeeöööö, Eeeöööö, Ööö – schön, schön |
| Bim: | Ööö – schön, Üüü – grün, schön grün, Grüße – Küsse, Söhne – Töchter, Grüße – Küsse, Söhne – Töchter |

Ziel:    Bewusstmachung der Bildung der Ö- und Ü-Laute und Präsentation in Wortbeispielen Zeigen von Tipps für die Realisierung der Ö- und Ü-Laute

Information für Lehrer

## Szene 5: Ausländische Studenten

Inhalt: Drei ausländische Studenten bilden Ö- und Ü-Laute, isoliert und in Beispielen, sie
kontrollieren die Lautbildung mit einem Spiegel.

| | |
|---|---|
| Sylwia: | E – Ö, E – Ö, |
| Keti: | E – Ö, E – Ö |
| Sylwia: | Schön. |
| Keti: | Schöne Söhne. |
| Sylwia: | Schöne Töchter. |
| | I – Ü, I – Ü, Küsse. Küsse im Frühling. |
| Keti: | I – Ü, I – Ü, Küsse. Küsse im Frühling, Küsse beim |
| | Frühstück. |

Ziel: Anwendung

## Szene 6: Clowns

KV Ü3

Inhalt: Die Clowns „beschimpfen" sich gegenseitig mit Ö- und Ü-Wörtern, vgl. Text der
Übung 3 in den Kopiervorlagen.

Ziel: Anwendung

## Szene 7: Clowns (Sprachspiel)

KV Ü4

Inhalt: Ein Clown stellt Rätselfragen nach Wörtern mit Ö und Ü, ein anderer Clown
löst das Rätsel, vgl. (erweiterter) Text der Übung 4 in den Kopiervorlagen.

Ziel: Anwendung und spielerische Variation

## Szene 8: Zauberer (Abspann)

Ja, Töne kann man hören. Ö und Ü muss man üben. Simsalabim!

### 4.1.2  **Begleitbuch (Kopiervorlagen) / Audiokassette** (Dauer: 8.50 Min.)

Inhalt: vgl. Kopiervorlagen (4.4)

## Übung 1: *Wer lebt wo?*

Ziele der Übungsteile

a) Hörkontrolle: Identifizieren (Erkennen) der O-, E- und Ö-Laute und der U-, I- und TA 29
Ü-Laute

b) Automatisierung durch Hören und Nachsprechen TA 29

c) Anwendung durch Kombinieren

d) Automatisierung durch Vorlesen

e) Anwendung durch spielerische Variation

## Übung 2: *Küsse beim Frühstück – und andere Wünsche*

Ziele der Übungsteile

| | | |
|---|---|---|
| TA 30 | a) | Vorbereitendes Hören |
| TA 30 | b) | Hören und vergleichendes Mitlesen |
| TA 30 | c) | Automatisierung durch Hören und Nachsprechen |
| | d) | Differenzieren der Ö- und Ü-Laute (Sortieren) |
| | e) | Anwendung durch Variation |
| | f) | Anwendung durch Variation |

## Übung 3: *Blöd!*

Ziele der Übungsteile

| | | |
|---|---|---|
| TA 31 | a) | Hören und vergleichendes Mitlesen |
| TA 31 | b) | Automatisierung durch Hören und Nachsprechen |
| TA 31 | c) | Hörkontrolle: Differenzieren der langen und kurzen Vokale |
| TA 32 | d) | Hören und vergleichendes Mitlesen |
| TA 32 | e) | Automatisierung durch Vorlesen |
| | f) | Automatisierung durch Spielen |

## Übung 4: *Ein Rätsel*

Ziele der Übungsteile

| | | |
|---|---|---|
| | a) | Verstehendes Lesen |
| | b) | Wortschatzübung (Rätsel lösen) |
| TA 33 | c) | Vergleichendes Hören |
| TA 33 | d) | Automatisierung durch Hören und Nachsprechen |
| | e) | Anwendung durch spielerische Variation |

## Übung 5: *Natürlich künstlich!*

Ziele der Übungsteile

| | | |
|---|---|---|
| TA 34 | a) | Verstehendes Hören |
| TA 34 | b) | Hören und vergleichendes Mitlesen |
| TA 34 | c) | Hören und halblautes Mitlesen |
| | d) | Automatisierung durch Lesen zu zweit |
| | e) | Anwendung:Nachspielen |
| | f) | Anwendung: Nachspielen und Variieren |

## Texte zum Weiterüben

| | | |
|---|---|---|
| TA 35 | 1 | *Ein, kein oder mehrere Geschwister (Hans Manz)* |
| TA 36 | 2 | *Eine glückliche Familie (Christine Nöstlinger)* |
| TA 37 | 3 | *Hochzeitsmärchen (Kerstin Reinke)* |

Ziele der Übungsteile

| | |
|---|---|
| a) | Verstehendes Hören |
| b) | Hören und vergleichendes Mitlesen |
| c) | Hören und auf Ö- und Ü- achten |
| d) | Automatisierung durch halblautes Mitlesen |
| e) | Automatisierung durch Vorlesen |
| sowie | Anwendung: freies Sprechen, Diskussion |

## 4.2    Didaktische Hinweise

Tipp 1:   Ö-Laute: vom E ableiten – E sprechen und die Lippen runden wie beim O.
          Ü-Laute: vom I ableiten – I sprechen und die Lippen runden wie beim U.

Tipp 2:   Lippenrundung bei den Ü- und Ö-Lauten: Küssen und Pfeifen nachahmen.

Tipp 3:   Bildung langer und kurzer Ö- und Ü-Laute mit entsprechenden Gesten (lang = Arme
          weit auseinander, großer Schritt; kurz = Klatschen, kurzer Schritt usw.) unterstützen –
          aber jeder sollte „seine" Gesten selbst finden.

Tipp 4:   Im Schriftbild lange Ö- und Ü-Laute (mit _ ) und kurze Ö- und Ü-Laute (mit . ) unter
          dem Vokalbuchstaben kennzeichnen.

Tipp 5:   Länge und Kürze beim Präsentieren und Üben übertreiben.


## 4.3    Kenntnisse

### Regeln

Die wichtigsten Merkmale der deutschen Vokale sind die Länge
und Kürze (Quantität)

Darin unterscheiden sich:

| | | |
|---|---|---|
| [ø:] | [œ] | Herr **Möh**ler – Herr **Mö**ller |
| [y:] | [Y] | Herr **Müh**ler – Herr **Mü**ller |

Die langen Vokale sind meist gespannter, die kurzen ungespannter (lockerer).
Lange Vokale erkennt man auch am nachfolgenden h: *Söhne, Frühling*.

Kurze Vokale erkennt man an nachfolgenden doppelt geschriebenen
Konsonanten: *kö**nn**en, mü**ss**en*. Oft ist der Vokal auch kurz, wenn ihm drei
oder mehr Konsonanten folgen:

Bei den Ö- und Ü-Lauten werden die Merkmale (Lippen- und Zungenbewegung)
der O- und E bzw. U- und I-Laute kombiniert:

| | die Lippen sind wie bei den | die Zunge ist wie bei den |
|---|---|---|
| **Ö-Laute:** | O-Lauten | E-Lauten |
| **Ü-Laute:** | U-Lauten | I-Lauten |

Man kann die Laute gut bilden, wenn man zuerst die Zunge „einstellt" (also E-
und I-Laute spricht) und dann die Lippen dabei rundet.

## Für die Lernenden:
Wie werden Zungen- und Lippenbewegung kombiniert?

| | die Lippen sind | | die Zunge hebt sich nach | |
|---|---|---|---|---|
| | rund | nicht rund | vorn | hinten |
| O-Laute | | | | |
| Ö-Laute | | | | |
| E-Laute | | | | |
| U-Laute | | | | |
| Ü-Laute | | | | |
| I-Laute | | | | |

## Lösung

| | die Lippen sind | | die Zunge hebt sich nach | |
|---|---|---|---|---|
| | rund | nicht rund | vorn | hinten |
| O-Laute | x | | | x |
| Ö-Laute | x | | x | |
| E-Laute | | x | x | |
| U-Laute | x | | | x |
| Ü-Laute | x | | x | |
| I-Laute | | x | x | |

Es folgen:

**4.4     Kopiervorlagen der Arbeitsblätter**

**4.5     Lösungen**

Information für Lehrer

# 4. Schön grün! Ö- und Ü-Laute

## Übung 1: Wer lebt wo?

**a) Aufnahme 29 hören und fehlende Buchstaben ergänzen**

1. K__hler
2. K__ller
3. K__hler
4. K__hler
5. K__ller
6. K__hler
7. K__ller
8. K__ller

9. B__nn
10. M__nchen
11. Th__ringen
12. St__ttgart
13. S__lingen
14. M__wenberg
15. S__hl
16. K__ln

**b) Aufnahme 29 hören und nachsprechen**

**c) kombinieren: Familiennamen und Ortsnamen haben den gleichen Akzentvokal**

1. Familie Köhler wohnt in Möwenberg.
2. Familie _____
3.
4.
5.
6.
7.
8.

**d) Lösungen vorlesen**

**e) spielen**

A: Wer wohnt in _____?
B: Familie _____. Und wer wohnt in _____?

© Langenscheidt Verlag 1998. Vervielfältigung zu Unterrichtszwecken gestattet.

# Übung 2: Küsse beim Frühstück – und andere Wünsche

**a) Aufnahme 30 hören**

**b) Aufnahme 30 hören und still mitlesen**

> Küsse im Frühling, Küsse beim Frühstück, Frühstück um zwölf, süße Früchte, zwölf Brötchen, Glücksgefühle, schönes Wetter, fröhliche Eltern, nette Brüder, fünf Tage Urlaub, eine Reise nach Köln, Bücher von Goethe...

**c) Aufnahme 30 hören und nachsprechen**

**d) Wörter mit Ö- und Ü-Lauten sortieren (manche Wörter gehören in zwei Gruppen)**

langes Ö: _____

_____

kurzes Ö: _____

_____

langes Ü: _____

_____

kurzes Ü: _____

_____

**e) Jeder hat drei Wünsche (aus b) frei ...**

Ich wünsche mir:

_____

_____

_____

**f) andere Wünsche mit Ü und Ö finden**

_____

_____

_____

_____

_____

# Übung 3: Blöd!

**a) Aufnahme 31 hören und still mitlesen**

blöd, nervös, höflich, pünktlich, verrückt, wütend, überhaupt

**b) Aufnahme 31 hören und nachsprechen**

**c) Aufnahme 31 hören und Vokallänge von Ö und Ü markieren (lang _ / kurz .)**

**d) Aufnahme 32 hören und still mitlesen**

| | |
|---|---|
| Bim: | Du bist unpünktlich! |
| Sala: | Du bist unhöflich! |
| Bim: | Du bist verrückt! |
| Sala: | Ich bin wütend! |
| Bim: | Du bist verrückt! Blöd bist du! |
| Sala: | Ich bin überhaupt nicht blöd! |
| Bim: | Blöd und überhaupt! |
| Sala: | Ich bin wütend! |
| Sim: | Ihr macht mich nervös! |

**e) zu dritt vorlesen**

**f) zu dritt spielen**

Ö ü Ü Ö ü ö Ö Ü ü ö Ö Ü ö Ö ü Ü Ö ü ö Ö Ü ü ö Ö Ü ö Ö ü Ü Ö ü ö Ö Ü ü ö Ö Ü ö Ö ü Ü

## Übung 4: Ein Rätsel

***a) Fragen lesen***

1. Eine Jahreszeit?
2. Eine Farbe?
3. Was ist Sim immer?
4. Sie können fliegen?
5. Man hat sie im Zimmer?
6. Man kann sie hören?

7. Sie haben Söhne und Töchter?
8. Man isst sie zum Frühstück?
9. Sie gehen in die Schule?
10. Sie sind gefährliche Tiere?
11. Man muss sie lernen?
12. Man kann sie lesen?

***b) Rätsel lösen***

1.
2.
3.
4.
5.
6.
7.
8.
9.
10.
11.
12.

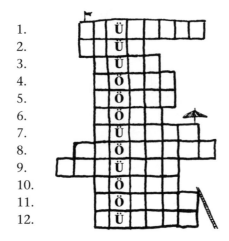

***c) Lösungen hören (Aufnahme 33) und vergleichen***

***d) Aufnahme 33 hören und Lösungssätze nachsprechen***

***e) selbst ein Rätsel mit Ö und Ü machen***

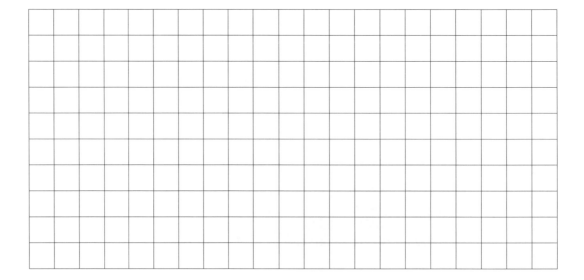

# Übung 5: Natürlich künstlich!

*a) Aufnahme 34: Sketch hören*

*b) Aufnahme 34 hören und still mitlesen*

Bim:   Sind diese schönen Blumen künstlich?
Sim:   Natürlich.
Bim:   Natürlich?
Sim:   Nein, künstlich.
Bim:   Natürlich oder künstlich?
Sim:   Natürlich künstlich. Möchtest du sie kaufen?
Bim:   Natürlich.

*c) Aufnahme 34 hören und halblaut mitlesen*

*d) zu zweit lesen*

*e) spielen*

*f) variieren (z.B. schöne Rosen, schöne Löwen)*

# Texte zum Weiterüben

Aufnahmen 35, 36, 37:

*a) hören*

*b) hören und still mitlesen*

*c) hören und auf Ö- und Ü-Laute achten*

*d) hören und halblaut mitlesen*

*e) laut vorlesen*

1.　　　　**Ein, kein oder mehrere Geschwister?**

| Ein Kind sagt: | Ich bin das jüngere. |
| --- | --- |
| Eines sagt: | Ich bin das jüngste. |
| Eines sagt: | Ich bin sowohl das älteste wie das jüngste. |
| Eines sagt: | Ich bin weder das älteste noch das jüngste. |

*Hans Manz*

 • *Wie viele Kinder gibt es wahrscheinlich in diesen Familien?*

2.　**Eine glückliche Familie**

*Christine Nöstlinger*

Die Oma sagt, nachdem ihr die Suppenschüssel aus den Händen gefallen ist: „Ist ja noch ein Glück, dass keine Suppe drin war!"

Der Vater sagt, nachdem er mit dem Auto in den Straßengraben gefahren ist: „Ist ja noch ein Glück, dass sich der Wagen nicht überschlagen hat!"

Die Mutter sagt, nachdem man ihr die Geldbörse gestohlen hat: „Ist ja noch ein Glück, dass die Scheckkarte nicht drin war!"

Der Opa sagt, nachdem er gestürzt ist und sich die Knie blutig geschlagen hat: „Ist ja noch ein Glück, dass ich mir nichts gebrochen habe!"

Das Kind sagt, nachdem es das alles gehört hat: „Ist ja noch ein Glück, dass das Unglück allen in der Familie Glück bringt!"

• *Kann Unglück Glück bringen?*

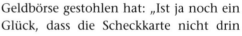

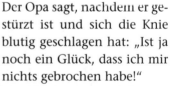

# Hochzeitsmärchen

*Ein Mann hatte fünf Töchter und zwölf Söhne. Die Söhne waren alle höflich und schön, die Töchter klug und vernünftig. Es ist aber auch möglich, dass es genau umgekehrt war.*

*So lebten alle sehr glücklich bis zu dem Tag, an dem sich die zwölf Brüder in das-*

*selbe Mädchen verliebten. Nun war guter Rat teuer. Dem Mädchen gefielen alle zwölf. Und seine Not wurde immer größer. Plötz-lich hatte sie aber eine Idee: Ich will hören, was jeder für mich tun würde, wenn ich sei-ne Frau wäre. Dann könnte ich mich bestimmt für einen entscheiden.*

*Und nun begannen die Söhne zu reden: Der erste sagte: „Ich würde dir die schönsten Blümchen pflücken." Der zweite meinte: „Ich könnte dir jeden Tag schöne frische Bröt-chen holen." Und was sagten die anderen? Ich weiß es nicht. Und ihr?*

*Kerstin Reinke*

• **Wie geht die Geschichte weiter? Was sagen die anderen?**

# Lösungen

**1a)**

| | |
|---|---|
| 1. Köhler | 9. Bonn |
| 2. Koller | 10. München |
| 3. Kuhler | 11. Thüringen |
| 4. Kühler | 12. Stuttgart |
| 5. Kuller | 13. Solingen |
| 6. Kohler | 14. Möwenberg |
| 7. Küller | 15. Suhl |
| 8. Köller | 16. Köln |

**1c)**

| | |
|---|---|
| 1. Köhler – Möwenberg | 2. Koller – Bonn |
| 3. Kuhler – Suhl, | 4. Kühler – Thüringen |
| 5. Kuller – Stuttgart | 6. Kohler – Solingen |
| 7. Küller – München | 8. Köller – Köln |

**2d)**

langes Ö: schön, fröhlich, Goethe, Brötchen,

kurzes Ö: zwölf, Köln,

langes Ü: Bücher, Frühling, Frühstück, süß, Glücksgefühle, Brüder,

kurzes Ü: Küsse, Frühstück, Früchte, Glücksgefühle, fünf

**3c)**

blöd, nervös, höflich, pünktlich, verrückt, wütend, überhaupt

**4b)**

1. Der **Frühling** ist eine Jahreszeit.
2. **Grün** ist eine Farbe.
3. Sim ist immer **müde.**
4. **Vögel** können fliegen.
5. **Möbel** hat man im Zimmer.
6. **Töne** kann man hören.
7. **Mütter** haben Söhne und Töchter.
8. **Brötchen** isst man zum Frühstück.
9. **Schüler** gehen in die Schule.
10. **Löwen** sind gefährliche Tiere.
11. **Wörter** muss man lernen.
12. **Bücher** kann man lesen.

## Texte zum Weiterüben

### Ein, kein oder mehrere Geschwister?

| | | |
|---|---|---|
| Ein Kind sagt: | Ich bin das jüngere | zwei Kinder |
| Eines sagt: | Ich bin das jüngste. | mindestens drei Kinder |
| Eines sagt: | Ich bin sowohl das älteste wie das jüngste. | ein Kind |
| Eines sagt: | Ich bin weder das älteste noch das jüngste. | mindestens drei Kinder |

# 5.  Eh! He! *E-Laute und Endung -en*

## 5.1  Zum Aufbau der Lektion

### 5.1.1  Video (Dauer: 5.50 Min.)

Szene 1: Vorspann

Inhalt:  Clowns (ungeschminkt) und ausländische Studenten sprechen

> Eh! Eh! ...... – He!

Ziel:  Eintauchübung

Szene 2: Clowns (Sketch)                                    *KV Ü5*

Inhalt:  Zwei Clowns spielen den Dialog, vgl. Text der Übung 5 in den Kopiervorlagen.

Ziel:  einführender Dialog zur Präsentation der E-Laute im Kontext

Szene 3: Zauberer (Bewusstmachung)

Inhalt:  Zauberer spricht und zeigt (Schriftbild) Wörter mit den vier E-Lauten.

| Zauberer | Schriftbild |
| --- | --- |
| Naja, und was lesen Schüler? Lesen sie gern Lehrbücher? Oder lesen sie gern Märchen und Romane? | |
| Lesen sie gern Märchen und Romane? | Lesen sie gern Märchen und Romane? |
| Es gibt vier E's: | |
| [e:] lesen | |
| [ɛ] gern | |
| [ɛ:] Märchen | |
| [ə] Romane | |
| Also, aufpassen! | |

Ziel:  Demonstration und Differenzierung der E-Laute

## Szene 4: Clowns

Inhalt: Die drei Clowns sprechen Wörter mit E-Lauten und zeigen, wie man diese Laute von den I-Lauten unterscheidet.

| | |
|---|---|
| Bim: | [e:] klingt fast wie ein [i:]: Iiii – Eeee, Eeee – Iiii |
| Sala: | lieben |
| Sim: | leben |
| Sala: | Wer? |
| Sim: | Wir. |
| Bim: | Das E am Ende hört man nicht. |
| (weiter vgl. Text der Übung 2 in den Kopiervorlagen) | |

Ziel: Bewusstmachung und Differenzierung der E-Laute,
Zeigen von Tipps für die Realisierung der E-Laute,
Anwendung im Kontext

## Szene 5: Ausländische Studenten

Inhalt: Zwei ausländische Studenten präsentieren die E-Laute in einem kleinen Gespräch.

| | |
|---|---|
| Lise: | Iii – Eee |
| Chung: | Eee – Iii |
| Lise: | lieben – leben |
| Chung: | leben – lieben |
| Chung: | Wir lieben. |
| Lise: | Wir leben. |
| (weiter vgl. Text der Übung 3 in den Kopiervorlagen) | |

Ziel: Anwendung

## Szene 6: Clowns (Sprachspiel)

Inhalt: Ein Clown ergänzt in Wörtern an der Tafel die richtigen E-Laute anhand der Transkriptionszeichen, vgl. Text der Übung 4 in den Kopiervorlagen

Ziel: Anwendung und spielerische Variation

## Szene 7: Zauberer (Abspann)

Lehrbuch. Ein Lehrbuch voller E's. Seht selbst nach! Simsalabim!

### 5.1.2 Begleitbuch (Kopiervorlagen) / Audiokassette (Dauer: 7.10 Min.)

Inhalt: vgl. Kopiervorlagen (5.4)

## Übung 1: *Wie geht es euch?*

Ziele der Übungsteile

a) Hören und vergleichendes Mitlesen

b) Hörkontrolle: Differenzierung der langen und kurzen E-Laute

c) Automatisierung durch Hören und Nachsprechen

d) Anwendung durch Variation

e) Anwendung durch Üben zu zweit

## Übung 2: *Jeder tut etwas*

VIDEO (SZENE 4)

Ziele der Übungsteile

| | | |
|---|---|---|
| a) | Vorbereitendes Hören | TA 39 |
| b) | Hören und vergleichendes Mitlesen | TA 39 |
| c) | Hören und vergleichendes Mitlesen | TA 40 |
| d) | Automatisierung durch Hören und halblautes Mitlesen | TA 39/40 |
| e) | Automatisierung durch Vorlesen | |

## Übung 3: *Das tun wir gern*

VIDEO (SZENE 5)

Ziele der Übungsteile

| | | |
|---|---|---|
| a) | Vorbereitendes Hören | TA 41 |
| b) | Hören und vergleichendes Mitlesen | TA 41 |
| c) | Automatisierung durch Vorlesen | |
| d) | Anwendung durch Variation zu zweit | |

## Übung 4: *Welches E fehlt?*

VIDEO (SZENE 6)

Ziele der Übungsteile

| | | |
|---|---|---|
| a) | Hörkontrolle: Identifizieren (Erkennen) der E-Laute (Laut-Buchstaben-Beziehung) | TA 42 |
| b) | Automatisierung durch Vorlesen | |
| c) | Vergleichendes Hören | TA 43 |
| d) | Hörkontrolle: Identifizieren der E-Laute | TA 43 |
| e) | Automatisierung durch Vorlesen | |

## Übung 5: *Ein sehr trauriges Buch*

VIDEO (SZENE 2)

Ziele der Übungsteile

| | | |
|---|---|---|
| a) | Verstehendes Hören | TA 44 |
| b) | Hören und vergleichendes Mitlesen | TA 44 |
| c) | Automatisierung durch Lesen zu zweit | |
| d) | Anwendung: Nachspielen | |

## Texte zum Weiterüben

| | | |
|---|---|---|
| 1 | *Konjugation (Rudolf Steinmetz)* | TA 45 |
| 2 | *Regen (Kerstin Reinke)* | TA 46 |

Ziele der Übungsteile

| | |
|---|---|
| a) | Verstehendes Hören |
| b) | Hören und vergleichendes Mitlesen |
| c) | Hören und auf die E-Laute achten |
| d) | Automatisierung durch halblautes Mitlesen |
| e) | Automatisierung durch Vorlesen |
| sowie | Anwendung: freies Sprechen, Diskussion |

Information für Lehrer

## 5.2 Didaktische Hinweise

Tipp 1: Langes E [e:] vom I [i:] ableiten – es klingt fast wie I.

Tipp 2: Auf Laut-Buchstabenbeziehungen besonders achten.

Tipp 3: Bildung langer und kurzer E-Laute mit entsprechenden Gesten (lang = Arme weit auseinander, großer Schritt; kurz = Klatschen, kurzer Schritt usw.) unterstützen – jeder sollte „seine" Gesten selbst finden.

Tipp 4: Im Schriftbild lange E-Laute (mit _) und kurze E-Laute (mit . ) unter dem Vokalbuchstaben kennzeichnen.

Tipp 5: Länge und Kürze beim Präsentieren und Üben übertreiben.

## 5.3 Kenntnisse

**Regeln**

Die wichtigsten Merkmale der deutschen Vokale sind die Länge und Kürze (Quantität). Darin unterscheiden sich auch

[e:] und     [ɛ]:          Herr Mehler – Herr Meller

Die langen Vokale sind meist gespannter, die kurzen ungespannter (lockerer).

Lange Vokale erkennt man im Schriftbild an der Doppelschreibung des Vokalbuchstabens (z.B. *ee*) und am nachfolgenden *h*: *Tee, sehen*

Kurze Vokale erkennt man an nachfolgenden doppelt geschriebenen Konsonanten: *kennen*. Oft ist der Vokal auch kurz, wenn ihm drei oder mehr Konsonanten folgen: *Herbst*.

Im Deutschen gibt es vier verschiedene E-Laute:

|  | [e:] | [ɛ] | [ɛ:] | [ ə ] |
|---|---|---|---|---|
| **Länge** | lang | kurz | lang | |
| **Spannung** | gespannt | ungespannt | ungespannt | reduziert |
| ***Beispiel*** | *le*sen | *e*ssen | *Mär*chen | *Roman*e |

## Für die Lernenden

**Welches E ist wo? Welche Merkmale hat es?**

| E-Laute in | [e:] | [ɛ] | [ɛ:] | [ə] | lang | kurz | ge-spannt | unge-spannt | redu-ziert |
|---|---|---|---|---|---|---|---|---|---|
| *lesen* | | | | | | | | | |
| *essen* | | | | | | | | | |
| *Märchen* | | | | | | | | | |
| *Romane* | | | | | | | | | |

## Lösung

| E-Laute in | [e:] | [ɛ] | [ɛ:] | [ə] | lang | kurz | ge-spannt | unge-spannt | redu-ziert |
|---|---|---|---|---|---|---|---|---|---|
| *lesen* | x | | | | x | | x | | |
| *essen* | | x | | | | x | | x | |
| *Märchen* | | | x | | x | | | x | |
| *Romane* | | | | x | | | | | x |

Es folgen:

## 5.4 Kopiervorlagen der Arbeitsblätter

## 5.5 Lösungen

# 5. Eh! He! *E-Laute und Endung -en*

## Übung 1: Wie geht es euch?

**a) Aufnahme 38 hören und still mitlesen**

1. H**e**lla geht es nicht gut.
2. **E**va fehlt etwas.
3. B**e**rta geht es schlecht.
4. B**e**tti lebt sehr gesund.
5. P**e**ter geht es sehr gut.
6. V**e**ra geht es am besten.

**b) Aufnahme 38 hören und Länge der E-Laute (kurz . / lang _) in den Namen markieren (dick gedruckt)**

**c) Aufnahme 38 hören und nachsprechen**

**d) bei den Sätzen von a) die Namen austauschen**

**e) zu zweit üben**

A: Wem geht es schlecht? Hella?
B: Ja, Hella geht es schlecht.

## Übung 2: Jeder tut etwas.

*a) Aufnahme 39 hören*

*b) Aufnahme 39 hören und still mitlesen*

| | | |
|---|---|---|
| Bim: | [e:] | Ich lese und rede. |
| Sim: | [e:] | Ich lese und rede. |
| Bim: | [ɛ] | Ich lerne gern. |
| Sim: | [ɛ] | Ich lerne gern. |
| Bim: | [ɛ:] | Ich erzähle Märchen. |
| Sim: | [ɛ:] | Ich erzähle Märchen. |
| Bim: | [ə] | Ich spiele. |
| Sim: | [ə] | Ich spiele. |

*c) Aufnahme 40 hören und still mitlesen*

| | | | | |
|---|---|---|---|---|
| Sala: | Wir lesen. | | Sim: | Wir lesen. |
| Sala: | Wir leben. | | Sim: | Wir leben. |
| Sala: | Wir lieben. | | Sim: | Wir lieben. |
| Sala: | Wir essen. | | Sim: | Wir essen. |
| Sala: | Wir trinken. | | Sim: | Wir trinken. |

*d) Aufnahme 39 und 40 hören und halblaut mitlesen*

*e) vorlesen*


## Übung 3: Das tun wir gern

*a) Aufnahme 41 hören*

*b) Aufnahme 41 hören und still mitlesen*

| | |
|---|---|
| Chang: | Wir lesen. |
| Lise: | Wir lesen gern. |
| Chang: | Sehr gern. |
| Lise: | Wir reden gern. |
| Chang: | Sehr gern! |
| Lise: | Wir lernen gern. |
| Chang: | Sehr gern? |
| Lise: | Ja! |

*c) laut vorlesen*

*d) andere Varianten als Dialog lesen (z.B.: Wir essen, erzählen, sprechen, ....)*

# Übung 4: Welches E fehlt?

**a) Aufnahme 42 hören und fehlende Buchstaben ergänzen**

1. M_rch_n
   [ɛ:]  [ə]

2. Erz__lung_n
   [ɛ:]  [ə]

3. L_s_buch
   [e: / ə]

4. G_dicht_
   [ə]  [ə]

5. L__rbuch
   [e:]

**b) Wörter vorlesen**

**c) Aufnahme 43 hören und still mitlesen**

> G_stern hat mir mein_ Schw_st_r ein Buch g_sch_nkt. Ich l_s_ n_mlich s___r g_rn.
> D_shalb ist ein Buch immer ein gut_s G_sch_nk. Ich will _s j_tzt l_s_n und s_tz_
> mich still in ein_ _ck_. B_stimmt ist _s ein M_rch_nbuch, d_nk_ ich. Ich schlag_
> die _rst_ Seit_ auf – die Seit_ ist l__r. Ich bl_tter_ weiter – nichts. J_d_ Seit_ ist l__r.
> _rst auf d_r z__nten Seit_ st__ht ein kurzer Satz: Das ist ein L___rbuch. Aber das
> weiß ich ja schon l_ngst, d_shalb l_s_ ich j_tzt nicht m__r weiter.

**d) Aufnahme 43 hören und fehlende Buchstaben im Text c) ergänzen**

**e) vorlesen**

# Übung 5: Ein sehr trauriges Buch

**a) Aufnahme 44: Sketch hören**

**b) Aufnahme 44 mehrmals hören und still mitlesen**

| | |
|---|---|
| Sim: | Geht es dir nicht gut? |
| Bim: | Nein, es geht mir sehr schlecht. |
| Sim: | Was fehlt dir denn? |
| Bim: | Ich lese gerade ein sehr trauriges Buch. |
| Sim: | Was denn? Einen Roman oder ein Märchen? |
| Bim: | Nein. Mein Sparbuch. |

**c) zu zweit lesen**

**d) spielen**

© Langenscheidt Verlag 1998. Vervielfältigung zu Unterrichtszwecken gestattet.

*Eh! He! Eh! He! Eh! He! Eh! He! Eh! He! Eh! He! Eh! He!*

# Texte zum Weiterüben

Aufnahmen 45, 46:

*a) hören*

*b) hören und still mitlesen*

*c) hören und auf E-Laute achten*

*d) hören und halblaut mitlesen*

*e) laut vorlesen*

**45**  1.

## Konjugation

Ich gehe
du gehst
er geht
sie geht
es geht.

Geht es?

Danke – es geht.

*Rudolf Steinmetz*

• **Wie kann man das Verb „gehen" ergänzen (z.B.: Ich gehe weg, du ...)**

_____

_____

_____

_____

_____

_____

_____

2.     **Regen**

*Ende September begann es zu regnen. „Es regnet, es regnet...", sangen die Kinder. „Endlich Regen!" freuten sich die Leute, denn es war vorher trocken und heiß gewesen. Und es regnete. Erst einen Tag, dann zehn Tage, dann ein ganzes Jahr, dann zehn Jahre. Die Kinder sangen jetzt längst keine Regenlieder mehr. Und die Erde war nicht nur nass, die Erde konnte man überhaupt nicht mehr sehen.*

*Es gab keine Wege mehr, keine Seen, selbst die höchsten Berge waren verschwunden. Nur die Älteren erinnerten sich noch an die Sonne, und sie erzählten den Kindern Geschichten, wie gelb und warm sie gewesen war.*

*Jetzt wohnten die Menschen auf Hausbooten und das Leben war schwierig. Aber die Menschen lernten schnell und passten sich an. Fernsehen von früh bis spät – das taten sie jetzt ohne schlechtes Gewissen. Nein, es gab keine ernsteren Probleme. Das Essen wurde zwar knapp, doch die Menschen waren genügsam. Bald redete keiner mehr von der Sonne.*

*Aber da – plötzlich – hörte der Regen auf. Erst staunten die Leute und wunderten sich ein wenig über die warmen Sonnenstrahlen. Doch gleich begannen sie, aus ihren Booten Autos zu bauen. Es gab auch schon viele Ideen, wie auf der Erde wieder Häuser für die Menschen entstehen könnten. Zunächst gab es nur ein großes Haus. Dort saßen täglich die klügsten Leute zusammen und machten Pläne für eine schöne Zukunft – ohne Regen. Nur weit draußen, weit weg von den Menschen beobachtete ein sehr alter Mann immer wieder den Himmel. Aber da war nichts – kein Regenbogen. Und eine schwarze Krähe flog über ihm am Himmel.*

*Kerstin Reinke*

• **Was passiert, wenn es gar nicht mehr regnet?**

_____

_____

_____

_____

_____

# Lösungen

**1b)**
1. Hella
2. **E**va
3. Berta
4. Betti
5. Peter
6. Vera

**4a)**
1. Märchen
2. Erzählungen
3. Lesebuch
4. Gedichte
5. Lehrbuch

**4d)** Gestern hat mir meine Schwester ein Buch geschenkt. Ich lese nämlich sehr gern. Deshalb ist ein Buch immer ein gutes Geschenk. Ich will es jetzt lesen und setze mich still in eine Ecke. Bestimmt ist es ein Märchenbuch, denke ich. Ich schlage die erste Seite auf – die Seite ist leer. Ich blättere weiter – nichts. Jede Seite ist leer. Erst auf der zehnten Seite steht ein kurzer Satz: Das ist ein Leerbuch. Aber das weiß ich ja schon längst, deshalb lese ich jetzt nicht mehr weiter ....

## Texte zum Weiterüben

### Konjugation

Lösungsbeispiele: Ich gehe weg. Du gehst fort. Er geht hinaus. Sie geht hinein.
Wir gehen hinauf. Sie gehen zu ihr...

*Eh! He! Eh! He! Eh! He! Eh! He! Eh! He! Eh! He! Eh! He!*

# 6. Haha, hoho, hehe, hihi! *Vokalneueinsatz – [h]*

## 6.1 Zum Aufbau der Lektion

### 6.1.1 Video (Dauer: 6.20 Min.)

### Szene 1: Vorspann
Inhalt: Clowns (ungeschminkt) und ausländische Studenten lachen H.
Ziel: Eintauchübung

### Szene 2: Clowns (Sketch)
*KV Ü5*

Inhalt: Zwei Clowns spielen den Dialog, vgl. Text der Übung 5 in den Kopiervorlagen.
Ziel: Präsentation der Vokaleinsätze: gehaucht (z.B. *hallo, hier*) und hart (z.B. *eins, Entschuldigung)* im Kontext

### Szene 3: Zauberer (Bewusstmachung)
Inhalt: Zauberer spricht und zeigt (Schriftbild) Zahlen, unterstützt den harten Vokaleinsatz durch energische, den gehauchten Vokaleinsatz durch fließende Handbewegungen.
Ziel: Demonstration und Differenzierung der Vokaleinsätze (hart und weich)

| Zauberer | Schriftbild |
|---|---|
| Elf – Elf Elf. | 11 11 11 |
| Hundertelf – Hundertelf. | 111 111 |
| Eins-Eins-Eins-Eins-Eins-Eins. | 1 1 1 1 1 1 |
| eins | eins |
| elf | elf |
| hundert | hundert |

**Das ist die** Elf-Elf-Elf **oder die** Hundertelf-Hundertelf **oder die** Eins-Eins-Eins-Eins-Eins-Eins. **Simsalabim,** eins elf hundert. **Wir sprechen das so:** eins, elf, hundert. **So üben wir das [h]!**

### Szene 4: Clowns
Inhalt: Die drei Clowns sprechen einzelne Wörter und Minimalpaare mit gehauchtem oder harten Vokaleinsatz.

| | |
|---|---|
| Sala: | heiß, heiß – Eis |
| Sim: | hallo, Haus, Haus – aus |
| Bim: | heiß – Eis, heiß – Eis |
| | hundert, hundert |
| | hunderteins, hunderteins |
| | hundertelf, hundertelf |
| | Hanne – Anne, Hanne – Anne, aus |

Ziel: Demonstration und Differenzierung des harten und gehauchten Vokaleinsatzes mit Tipps für die Realisierung der Vokaleinsätze (in die Hände oder auf einen Spiegel hauchen)

Information für Lehrer

### Szene 5: Ausländische Studenten

Inhalt:    Drei ausländische Studenten zeigen die Anwendung der gelernten Vokaleinsätze als Minimalpaare in kurzen Aussprüchen und verraten dabei, von wem sie Post bekommen haben (vgl. Text der Übung 3 – erste drei Zeilen – in den Kopiervorlagen).

Ziel:    Anwendung

### Szene 6: Clowns (Sprachspiel)

Inhalt:    Die drei Clowns wählen aus verschiedenen Gegenständen nur Dinge mit *H* aus und packen sie in den Koffer.

| | |
|---|---|
| Sim: | Wir packen in diesen Koffer nur Dinge mit H. |
| Sala: | Wir packen in den Koffer einen Hut. |
| Sim: | Wir packen in diesen Koffer einen Hut und zwei Hosen. |
| Bim: | Wir packen in den Koffer einen Hut und zwei Hosen und drei Hemden. |
| Sim: | Wir packen in den Koffer einen Hut, zwei Hosen, drei Hemden und vier Halstücher. |
| Sala: | Wir packen in den Koffer einen Hut, zwei Hosen, drei Hemden, vier Halstücher und fünf Handtaschen. |
| Bim: | Wir packen in den Koffer einen Hut, zwei Hemden, drei -, zwei Hosen, drei Hemden, vier Halstücher, fünf Handtaschen und sechs Streichhölzer. Und Eis. |
| Sim: | Eis hat kein H. |

Ziel:    Anwendung und spielerische Variation

### Szene 7: (Zauberer (Abspann)

In meinen Koffer packe ich einen Hut, zwei Hosen, drei Hemden, vier Halstücher, fünf ... Ach probiert es einfach selbst! Simsalabim!

### 6.1.2  **Begleitbuch (Kopiervorlagen) / Audiokassette** (Dauer: 9.00 Min.)

Inhalt:    vgl. Kopiervorlagen (6.4)

### Übung 1: *Eis oder heiß?*

Ziele der Übungsteile

| | | |
|---|---|---|
| *TA 47* | a) | Hörkontrolle: Identifizieren (Erkennen) von Wörtern |
| *TA 48* | b) | Automatisierung durch Nachsprechen |
| *TA 49* | c) | Hörkontrolle: Identifizieren (Erkennen) von Wörtern |
| *TA 49* | d) | Hören und vergleichendes Mitlesen |
| *TA 49* | e) | Automatisierung durch Mitsprechen |
| | f) | Anwendung durch Vorlesen und Spiel zu dritt |

## Übung 2: *Telefonnummern*

Ziele der Übungsteile

a)    Vorbereitendes Hören                                                TA 50
b)    Hören und vergleichendes Mitlesen                                   TA 50
c)    Automatisierung durch Nachsprechen                                  TA 50
d)    Anwendung durch dialogische Übung
e)    Anwendung durch eigene Beispiele


## Übung 3: *Briefe, Karten und Geschenke*

<u>VIDEO</u>
(SZENE 5)

Ziele der Übungsteile

a)    Hören und vergleichendes Mitlesen                                   TA 51
b)    Automatisierung durch halblautes Mitlesen                           TA 51
c)    Anwendung durch Kombination der Beispiele
d)    Anwendung durch Dialogübung


## Übung 4: *Koffer packen*

<u>VIDEO</u>
(SZENE 6)

Ziele der Übungsteile

a)    Hören und vergleichendes Mitlesen                                   TA 52
b)    Automatisierung durch Vorlesen
c)    Anwendung durch  Spiel in der Gruppe
d)    Anwendung durch spielerische Variation (Dinge ohne *H)*


## Übung 5: *Ganz egal!*

<u>VIDEO</u>
(SZENE 2)

Ziele der Übungsteile

a)    Verstehendes Hören                                                  TA 53
b)    Hören und vergleichendes Mitlesen                                   TA 53
c)    Automatisierung durch Hören und halblautes Mitlesen                 TA 53
d)    Automatisierung durch dialogisches Lesen
e)    Anwendung: Nachspielen
f)    Anwendung: Variation


## Texte zum Weiterüben

1    *Lückenbüßer (Regina Schwarz)*                                       TA 54
2    *Das Haar in der Suppe (Kerstin Reinke)*                             TA 55

Ziele der Übungsteile

a)    Verstehendes Hören
b)    Hören und vergleichendes Mitlesen
c)    Hören und auf Worte mit <h> achten
d)    Automatisierung durch halblautes Mitlesen
e)    Automatisierung durch Vorlesen
f)    Anwendung: freies Sprechen, Diskussion

**Information für Lehrer**

## 6.2 Didaktische Hinweise

Tipp 1: Handgesten einsetzen: bei Vokalneueinsatz eine energische Bewegung (Schnitt), bei der Verbindung von Konsonanten eine fließende Bewegung machen, beim Hauchlaut [h] die ausströmende Luft mit Bewegungen begleiten.

Tipp 2: Bei [h] in die Hände oder auf einen Spiegel hauchen.

Tipp 3: Beim Lachen das [h] vor verschiedenen Vokalen üben: Haha, hehe, hihi, hoho, huhu, ...

## 6.3 Kenntnisse

**Regeln**

**1.** Vokalneueinsatz: Ein Vokal am Wortanfang wird **nicht** mit dem vorangehenden Wort verbunden (also: *von /Annett,* sonst entsteht *von Nannett*). Es wird eine sehr kurze Stimmpause gemacht.

**2.** Hauchlaut H: Das H hört man im Deutschen nur vor Vokalen (wie in *Hanne*). Nach Vokalen (wie in *sehr, gehen*) wird es nicht gesprochen. Es ist dann nur das Zeichen für einen langen Vokal.

Für die Lernenden

| Was ist richtig? | Ja | Nein |
|---|---|---|
| Vor Vokalen hört man das H (*Hanne*) | | |
| Nach Vokalen hört man das H (*sehr*) | | |
| Ein Vokal am Anfang wird mit dem vorangehenden Wort verbunden (*von Annett*) | | |
| Ein Konsonant am Anfang wird mit dem vorangehenden Wort verbunden (*von Nina*) | | |

Lösung

| | Ja | Nein |
|---|---|---|
| Vor Vokalen hört man das H (*Hanne*) | x | |
| Nach Vokalen hört man das H (*sehr*) | | x |
| Ein Vokal am Anfang wird mit dem vorangehenden Wort verbunden (*von Annett*) | | x |
| Ein Konsonant am Anfang wird mit dem vorangehenden Wort verbunden (*von Nina*) | x | |

Es folgen:

## 6.4 Kopiervorlagen der Arbeitsblätter
## 6.5 Lösungen

Information für Lehrer

# 6. Haha, hoho, hehe, hihi!
## Vokalneueinsatz – [h]

## Übung 1: Eis oder heiß?

**a) Aufnahme 47: ein Wort hören und markieren**

1. Eis – heiß
2. Anne – Hanne
3. eins – Heinz
4. Ella – Hella
5. ihr – hier
6. aus – Haus
7. essen – Hessen
8. 32 – 230

**b) Aufnahme 48: Wortpaare hören und nachsprechen**

**c) Aufnahme 49 hören, Tonband stoppen und Wörter in den Lückentext einsetzen**

_____ : Holen wir uns _____?

_____ : Oh ja, es ist so _____.

_____ : Sieh mal, da kommt _____ _____ dem _____.

_____ : Hallo, was macht _____ _____?

_____ : Wir wollen _____ _____.

_____ : Bekomme ich auch _____?

_____ : _____ du Geld?

_____ : Ja, _____. Genau _____ Pfennig.

_____ : _____ Pfennig? Das ist zu wenig.

_____ : Nicht _____ Pfennig, sondern _____!

_____ : Aha!

**d) Aufnahme 49 hören und still mitlesen**

**e) Aufnahme 49 mehrmals hören,**
   **und halblaut mitsprechen**

**f) zu dritt vorlesen und vorspielen**

## Übung 2: Telefonnummern

**a) Aufnahme 50 hören**

**b) Aufnahme 50 hören und still mitlesen**

A: Ich habe die 8-8-8-8-8-8.
B: Also die 88-88-88.
A: Oder die 888-888.
B: Und ich habe die 8-1-8-1-8-1.
A: Oder die 81-81-81.
B: Oder die 818-818.
↑
Stimmt das wirklich?

**c) Aufnahme 50 hören und nachsprechen**

**d) zu zweit üben mit:**

111888, 888111, 881188, 118811, 181818, 811881

**e) jetzt die eigene Telefonnummer sagen**

## Übung 3: Briefe, Karten und Geschenke

**a) Aufnahme 51 hören und still mitlesen**

Von Anne. Von Hanne. Von Hanne und von Anne.
Von Anett. Von Nanett. Von Anett und von Nanett.
Von Ina. Von Nina. Von Ina und von Nina.
Von Herrn Hickel. Von Herrn Ickel. Von Herrn Hickel und von Herrn Ickel.
Von den Aumanns. Von den Naumanns.
Von den Aumanns und von den Naumanns.

**b) Aufnahme 51 hören und synchron mitsprechen**

**c) Von wem ist was?**

ein Brief, eine Karte, ein Fax, ein Paket, ein Foto, ein Heft, ein Halstuch, eine
Uhr, ein ...
z.B.: von Anne ein Brief, von Ina eine Karte, ...

**d) zu zweit mit den Namenspaaren üben**

A: Von Anne ist ..... .
B: Ja, von Anne ist ...., und von Hanne ist .... .

# Übung 4: Koffer packen

### a) Aufnahme 52 hören und still mitlesen

Wir machen Urlaub. Überall im Zimmer liegen Sachen: Hosen, Hemden, Halstücher, Handtücher, Handtaschen, Hausschuhe, Hefte, Streichhölzer, Uhren, Enten, Hunde, Autos, Eier, Äpfel. Was packen wir in den Koffer?

### b) Beispiele aus a) vorlesen

### c) spielen: Wir packen in den Koffer nur Dinge mit H.

A: Wir packen in den Koffer einen Hut.
B: Wir packen in den Koffer einen Hut und zwei ....
C: Wir packen in den Koffer einen Hut, zwei ... und drei ....
...

### d) spielen: Wir packen in den Koffer nur Dinge ohne H.

# Übung 5: Ganz egal!

### a) Aufnahme 53: Sketch hören

### b) Aufnahme 53 hören und still mitlesen

Sala: Hallo! Hallo! Ist da die 1-1-1-1-1-1?
Bim: Nein, hier ist doch die 111-111!
Sala: Oh, Entschuldigung. Da hab ich mich wohl geirrt!
Bim: Ach, egal. Das Telefon hat sowieso eben geklingelt.

### c) Aufnahme 53 hören und halbblau mitlesen

### d) zu zweit lesen

### e) spielen

### f) variieren (z.B. Nummern aus der Übung 2)

© Langenscheidt Verlag 1998. Vervielfältigung zu Unterrichtszwecken gestattet.

# Texte zum Weiterüben

Aufnahmen 54, 55:

*a) hören*

*b) hören und still mitlesen*

*c) hören und auf Wörter mit H achten*

*d) hören und halblaut mitlesen*

*e) laut vorlesen*

1. *Lückenbüßer*

Bei Jörg ist das so:

Ist der Marc bei ihm,
dann lässt er mich stehn,
und ich kann nach Hause gehn.

Ist der Sven bei ihm,
dann lässt er mich stehn,
und ich kann nach Hause gehn.

Ist die Silke bei ihm,
dann lässt er mich stehn,
und ich kann nach Hause gehn.

Ist der Jörg aber allein,
dann sagt er: „Komm rein!"

*Regina Schwarz*

• *Was ist ein Lückenbüßer? Wann braucht man ihn? Wie fühlt er sich?*

## 2. Das Haar in der Suppe

An einem Abend im April fand einmal ein Herr in einem Restaurant ein Haar in der Suppe. Der wütend herbeigerufene Kellner war natürlich sehr erschrocken und versprach höflich, dem Herrn sofort eine neue Suppe zu holen – eine ohne Haar. Der Herr behauptete allerdings: „Hier geht es doch um's Prinzip. Wo kommen wir schließlich hin, wenn demnächst in jeder Suppe und überall Haare schwimmen....“ Er legte das Haar in seine Brieftasche und verlangte sein Recht – hier und heute.

Mit dem Haar in der Tasche zog der Herr nun vor die Gerichte, denn die Gerechtigkeit war ihm sehr ernst. Er setzte Himmel und Hölle in Bewegung, aber es hörte ihm leider keiner zu.

Wer nicht hören will muss sehen, dachte sich der Herr. Und er malte sich ein Schild mit der Aufschrift „Nieder mit den Haaren in der Suppe!“ Damit demonstrierte er in den Straßen seiner Heimatstadt. Als auch das nichts half, lief er mit dem Schild bis in die Hauptstadt seines Landes, wo er die Regierung um Gehör bat. Doch niemand beachtete ihn. Inzwischen war er hungrig, seine Schuhe und Hosen hatten Löcher und er sah ungewaschen aus. Die Leute lachten über ihn.

Er kam auf die Idee, einen Selbsthilfe-Verein zu gründen. Aber das einzige Mitglied in diesem Verein war er. Trotzdem gab er den Kampf gegen das Haar in der Suppe niemals auf.

Die Jahre vergingen und der Herr wurde alt. Hinter ihm lag ein Leben voller Entbehrungen. Am Ende hatte er nichts mehr: kein Haus, keine Familie, keine Freunde – auch alle seine Haare waren ihm längst ausgefallen, und er besaß endlich nur noch das eine Haar in seiner Brieftasche.

Und dieses Haar holt er in der letzten Zeit immer häufiger hervor. Er hält es gegen das Licht und betrachtet es aufmerksam. Er fühlt sich eigentlich fast ein wenig heiter, denn – wenn er so ganz genau hinschaut – sieht es nicht fast so aus wie sein eigenes?

*Kerstin Reinke*

• **Hat sich dieser Kampf gelohnt? Warum (nicht)?**

• **Wofür sollte man kämpfen?**

_____

_____

_____

_____

haha hoho hehe hihi haha hoho hehe hihi haha hoho

# Lösungen

**1a)**
1 <u>Eis</u> – heiß
2 Anne – <u>Hanne</u>
3 eins – <u>Heinz</u>
4 Ella – <u>Hella</u>
5 <u>ihr</u> – hier
6 <u>aus</u> – Haus
7 <u>essen</u> – Hessen
8 32 – <u>230</u>

**1c)**
| | |
|---|---|
| **Anne:** | Holen wir uns **Eis?** |
| **Hanne:** | Oh ja, es ist so **heiß.** |
| **Ella:** | Sieh mal, da kommt **Heinz aus** dem **Haus.** |
| **Heinz:** | Hallo, was macht **ihr hier?** |
| **Hella:** | Wir wollen **Eis essen.** |
| **Heinz:** | Bekomme ich auch **eins?** |
| **Anne:** | Hast du Geld? |
| **Heinz:** | Ja, **hier.** Genau **230** Pfennig. |
| **Hanne:** | **32** Pfennig? Das ist zu wenig. |
| **Heinz:** | Nicht **32** Pfennig, sondern **230!** |
| **Hella:** | Aha! |

**2b)**   Nein, B hat die 818-181.

# 7. PPP – TTT – KKK – PTK – PTK – PTK.
## Konsonanten (fortis – lenis, Auslautverhärtung)

### 7.1 Zum Aufbau der Lektion

#### 7.1.1 Video (Dauer: 5.50 Min.)

**Szene 1: Vorspann**

Inhalt: Clowns (ungeschminkt) und ausländische Studenten sprechen

| nacheinander: | P-P-P-P, B-B-B-B, |
| | T-T-T-T, D-D-D-D, |
| | K-K-K-K, G-G-G-G |
| dann alle zusammen: | PTK, PTK, PTK, ... |

Ziel: Eintauchübung

**Szene 2: Clowns (Sketch)**                                                         *KV Ü5*

Inhalt: Zwei Clowns spielen den Dialog, vgl. Text der Übung 5 in den Kopiervorlagen.

Ziel: Präsentation Fortis- und Lenisexplosive im Kontext

**Szene 3: Zauberer (Bewusstmachung)**

Inhalt: Zauberer spricht und zeigt (Schriftbild) einzelne Wörter und Minimalpaare mit Fortis- und Lenisexplosiven

| Zauberer | Schriftbild |
|---|---|
| Eine Briefmarke. Ein schönes Geschenk – und so praktisch. | |
| Ein Brief und eine Postkarte. Eine Postkarte und ein Brief. | |
| **Konsonanten sind entweder stark: packen, Tier, Karten** | |
| **oder schwach: backen, dir, Garten** | |
| Brief – Post | Brief – Post |
| packen – backen | packen – backen |
| Tier – dir | Tier – dir |
| Karten- Garten | Karten- Garten |
| **Probieren wir's!** | |

Ziel: Demonstration und Differenzierung der Fortis- und Lenisexplosive

**Szene 4: Clowns**

Inhalt: Die drei Clowns zeigen die Bildung der Fortisexplosive mit unterstützenden Gesten.

| Sim: | P-P-P – **Paket,** Pakete packen |
| Sala: | K-K-K – **Koffer,** Koffer packen |
| Bim: | T-T-T – **Tasche,** Tasche packen |

Ziel: Demonstration der Fortisexplosive isoliert und im Kontext
Zeigen von Tipps für die Realisierung der Fortisexplosive (Papier wegblasen, Kerze auspusten, Spiegel anblasen)

## Szene 5: Clowns

Inhalt: Drei Clowns zeigen die Anwendung der Fortis- und Lenislaute in einem kleinen Dialog, vgl. Text der Übung 2 in den Kopiervorlagen.

Ziel: Anwendung

## Szene 6: Ausländische Studenten

Inhalt: Drei ausländische Studenten zeigen die Anwendung der gelernten Fortis- und Lenis-konsonanten in einer kurzen Spielszene (vgl. Text der Übung 3 in den Kopiervorlagen).

Ziel: Anwendung

## Szene 7: Clowns (Sprachspiel)

Inhalt: Zwei Clowns machen Musik auf verschiedenen Musikinstrumenten, ein Clown muss raten, wie sie heißen und im Lückentext die fehlenden Konsonanten ergänzen.

| Clowns: | Schriftbild: |
|---------|--------------|
| Geige | **Gi**tarre |
| Keyboard | **Gei**ge |
| Gitarre | **Fl**öte |
| Flöte | **Trom**pete |
| Trompete | **Key**bo**ard** |
| Trommel | **Tr**ommel |

Ziel: Anwendung und spielerische Variation

## Szene 8: Zauberer (Abspann)

Kennt ihr noch mehr Instrumente, die Krach machen? Simsalabim!

### 7.1.2 Begleitbuch (Kopiervorlagen) / Audiokassette (Dauer: 7.00 Min.)

Inhalt: vgl. Kopiervorlagen (7.4)

## Übung 1: *Am Sonntag*

Ziele der Übungsteile

a) Hörkontrolle: Identifizieren (Erkennen) von Fortis- und Leniskonsonanten
b) Automatisierung durch Nachsprechen

c) Anwendung durch Finden neuer Varianten

## Übung 2: *Ich kann das.*

Ziele der Übungsteile

a) Vorbereitendes Hören: Erkennen von Fortis- und Leniskonsonanten
b) Hören und vergleichendes Mitlesen

c) Automatisierung durch Lesen zu dritt

d) Anwendung durch Vorspielen

e) Anwendung durch spielerische Variation

Übung 3: *So ein Krach!*
VIDEO
(SZENE 6)

Ziele der Übungsteile

a)  Verstehendes Hören                                                          TA 58
b)  Hören und vergleichendes Mitlesen                                           TA 58
c)  Automatisierung durch Lesen zu dritt
d)  Anwendung durch Vorspielen
e)  Anwendung durch spielerische Variation


Übung 4: *Musik, Musik!*

Ziele der Übungsteile

a)  Vorbereitende Übung (Wortschatz aktivieren)
b)  Vergleichendes Hören                                                        TA 59
c)  Automatisierung durch Vorlesen
d)  Anwendung durch Spiel in der Gruppe
e)  Anwendung durch Spiel in der Gruppe


Übung 5: *Ein praktisches Geschenk*                                            VIDEO
(SZENE 2)

Ziele der Übungsteile

a)  Verstehendes Hören                                                          TA 60
b)  Hören und vergleichendes Mitlesen                                           TA 60
c)  Automatisierung durch dialogisches Lesen
d)  Anwendung: Nachspielen
e)  Anwendung: Variation


Texte zum Weiterüben

1   *Federleicht (Gottfried Herold)*                                            TA 61
2   *Konzertbesuch (Kerstin Reinke)*                                            TA 62


Ziele der Übungsteile

a)      Verstehendes Hören
b)      Hören und vergleichendes Mitlesen
c)      Hören und auf Fortis- und Lenis-Explosive achten
d)      Automatisierung durch halblautes Mitlesen
e)      Automatisierung durch Vorlesen
sowie   Anwendung: freies Sprechen, Diskussion


## 7.2   Didaktische Hinweise

Tipp 1:   Handgesten einsetzen: bei Fortiskonsonanten energische Bewegungen machen, bei
          Leniskonsonanten weiche Bewegungen.
Tipp 2:   Bei Fortiskonsonanten in die Hände oder auf einen Spiegel pusten (Phhh, Thhh,
          Khhh), Papier wegpusten oder eine Kerze auspusten; bei [p] Lippen aufblasen und
          platzen lassen.
Tipp 3:   Sich vorstellen, dass hinter jedem Fortiskonsonanten ein [h] gesprochen wird:
          Ph, Th, Kh.

*Information für Lehrer*

## 7.3  Kenntnisse

**Regeln**

**1.** Explosive sind im Deutschen stark (fortis) oder schwach (lenis).

| fortis | lenis |
|---|---|
| [p] wie in *packen* | [b] wie in *backen* |
| [t] wie in *Tier* | [d] wie in *dir* |
| [k] wie in *Karten* | [g] wie in *Garten* |

**2.** Nicht immer stimmt die Aussprache mit dem Schriftbild überein. Am Wort- und Silbenende werden die Buchstaben b, d, g wie [p, t, k] ausgesprochen. Das nennt man Auslautverhärtung.

| *lieb* | [p] | aber: | *liebe* | [b] |
|---|---|---|---|---|
| *Kind* | [t] | | *Kinder* | [d] |
| *Tag* | [k] | | *Tage* | [g] |

## Für die Lernenden

Wann sind die Explosive stark (fortis) oder schwach (lenis)?

| | fortis | lenis |
|---|---|---|
| *p* wie in *packen* | | |
| *b* wie in *backen* | | |
| *b* wie in *lieb* | | |
| *t* wie in *Tier* | | |
| *d* wie in *dir* | | |
| *d* wie in *und* | | |
| *k* wie in *Karten* | | |

## Lösung

| | fortis | lenis |
|---|---|---|
| *p* wie in *packen* | x | |
| *b* wie in *backen* | | x |
| *b* wie in *lieb* | x | |
| *t* wie in *Tier* | x | |
| *d* wie in *dir* | | x |
| *d* wie in *und* | x | |
| *k* wie in *Karten* | x | |

Es folgen:

## 7.4  Kopiervorlagen der Arbeitsblätter

## 7.5  Lösungen

Information für Lehrer

# 7. PPP – TTT – KKK – PTK – PTK – PTK.
## Konsonanten (fortis – lenis, Auslautverhärtung)

## Übung 1: Am Sonntag

*a) Aufnahme 56 hören und Buchstaben im Lückentext ergänzen*

1. __ern__ schrei____ einen __rief.

2. __i____e lie____ im __a__r__en in __er Sonne.

3. __oris __rei____ S__or__.

4. __e____i is__ verlie____.

5. __a__i mal__ ein __il__.

6. __ern__ __eh__ zu __i____e un__ sa____:

   Ich ha__e einen __rief für __ich!

*b) Aufnahme 56 hören und nachsprechen*

*c) neue Varianten finden – Was machen andere Personen am Sonntag?*

## Übung 2: Ich kann das

*a) Aufnahme 57 hören*

*b) Aufnahme 57 hören und still mitlesen*

| | |
|---|---|
| Sala: | Ich packe Pakete. |
| Bim: | Ich backe Kuchen. |
| Sim: | Ich tanze. |
| Sala / | |
| Bim: | Du? |
| Sim: | Ich kann das. Gut. Sehr gut. |

*c) zu dritt laut lesen*

*d) vorspielen*

*e) variieren: Koffer/Taschen packen, Plätzchen/Torten/Brot backen, turnen/pfeifen*

## Übung 3: So ein Krach!

*a) Aufnahme 58 hören*

*b) Aufnahme 58 hören und still mitlesen*

| | |
|---|---|
| Julia: | Ich kann das: Ich kann Geige spielen. Ich mache Musik. |
| Lise: | So ein Krach. |
| Jo: | Du kannst es gar nicht. Schrecklich! |
| Lise: | Pack sofort die Geige weg! |

*c) zu dritt laut lesen*

*d) spielen*

*e) variieren (andere Instrumente: Trompete, Trommel, Gitarre, Klavier...;*
   *andere Reaktion: Du kannst das sehr gut! Wirklich gut! ...) und vorspielen*

## Übung 4: Musik, Musik!

*a) Bilder ansehen und Wörter mit Artikel ergänzen*

1._____

2._____

3._____

4._____

5._____

6._____

7._____

8. _____

*b) Aufnahme 59: Lösungen hören*

*c) Wörter vorlesen*

*d) Instrumente pantomimisch darstellen. Wer erkennt sie?*
   *(auch Phantasie-Instrumente dazunehmen: Klingel, Topf, ..)*

*e) ein Konzert mit verschiedenen Phantasie-Instrumenten veranstalten*

Einer verteilt die Instrumente und spricht dazu:
Du nimmst den Topf. Du nimmst die Klingel. ...

# Übung 5: Ein praktisches Geschenk

*a) Aufnahme 60: Sketch hören*

*b) Aufnahme 60 mehrmals hören und still mitlesen*

| | |
|---|---|
| Bim: | Guten Tag. |
| Sim: | Guten Tag. |
| Bim: | Ich möchte bitte eine schöne bunte Briefmarke. |
| Sim: | Ja, natürlich. Für einen Brief oder für eine Postkarte? |
| Bim: | Ach, das ist ganz egal. |
| Sim: | Na gut, dann suchen Sie sich bitte eine aus. |
| Bim: | Ich nehme die da. Können Sie sie bitte einpacken? Es ist ein Geschenk. |
| Sim: | Oh!!! |

*c) zu zweit lesen*

*d) spielen*

*e) variieren (z.B.: bitte den Preis von der Briefmarke abmachen / bitte die Briefmarke an den Freund schicken / bitte den Rand von der Briefmarke abschneiden / bitte die Briefmarke bunt ausmalen...)*

## Texte zum Weiterüben

Aufnahmen 61, 62:

*a) hören*

*b) hören und still mitlesen*

*c) hören und auf Fortis- und Lenisexplosive achten*

*d) hören und halblaut mitlesen*

*e) laut vorlesen*

 1.

# Federleicht

Das Ende der Ente
ist hinten zu finden.
Das Ende der Straßenbahn
auch.

Die Ente hat Federn,
die sind ihr sehr nützlich.
Sind sie es der Straßenbahn
auch?

*Gottfried Herold*

 • *Wozu braucht eine Straßenbahn Federn?*

_____

_____

_____

Heute besuche ich ein Klavierkonzert in einer fremden Stadt. Ich bin glücklich und aufgeregt, als ich gemeinsam mit anderen gut gekleideten Leuten das Haus betrete. Alles sieht festlich und irgendwie fremd aus. Der weiche rote Teppich schluckt meine Schritte. Die Stimmen der anderen sind gedämpft. Ich suche nach bekannten Gesichtern, aber kenne niemanden.

Noch drei Minuten bis zum Konzertbeginn – ich muss den Eingang in den Konzertsaal finden. Ich versuche, jemanden zu fragen, aber ich spreche heute so leise. Vielleicht liegt das an der feierlichen Atmosphäre... Alles ist wie in Watte gepackt.

Es klingelt – die Vorstellung beginnt gleich. Wie komme ich jetzt bloß in den Saal? Ich renne durch endlose Korridore, die alle gleich aussehen. Die vielen Konzertbesucher haben sich in Luft aufgelöst. Da vorn ist die Tür. Erleichtert öffne ich sie – sie fällt hinter mir ins Schloss. Da bemerke ich meinen Irrtum. Es ist ganz hell und heiß, da wo ich stehe. Das ist die Bühne. Das war der Bühneneingang. In der Ferne sehe ich im Dunkeln Gesichter – das Publikum. Hilfe, ich will hier weg. Aber da haben mich die Menschen schon bemerkt. Sie klatschen – erst nur ein paar, dann alle. Sie halten mich für den Pianisten. Das ist klar. Ich schwitze. Ich kann keinen Ton sagen. Das Publikum würde auch gar nichts hören, es tobt vor Begeisterung. Manche rufen: „Braavooo!" Ich habe keine Wahl – ich muss mich ans Klavier setzen. Aber das Klavier ist so schrecklich groß. Wo sind eigentlich die Tasten? Ein Klavier muss doch Tasten haben. Aha, da war nur ein Deckel drauf.

Jetzt kommen die Musiker herein. Sie tragen ihre Instrumente: Trompeten, Geigen, Flöten, Trommeln, eine Pauke. Sie setzen sich hin und warten. Worauf warten sie denn?

Auf mich – ich, ich soll beginnen. Hilfe! Wie bedient man ein Klavier? Ich berühre vorsichtig eine Taste. Ohrenbetäubender Lärm ertönt. Das klingt nicht wie ein Klavier – das ist eine Explosion. Zaghaft drücke ich auf eine andere Taste. Jetzt wird es noch schlimmer. Das hört sich wie eine schlecht geölte Tür an. Die dritte Taste bricht mit lautem Knacken ab.

Nein, ich kann nicht mehr. Es ist genug. „Aufhöööööören!!!!" Ganz laut rufe ich. Ich fühle erstaunte Blicke. Was ist denn das? Ich sitze gar nicht mehr am Klavier, sondern ganz brav in einem gepolsterten Zuhörersessel. Meine Nachbarin – eine Dame mit einem Programm in der Hand – nickt mir zu. „Also ich finde das Konzert ja auch schrecklich. Aber so mutig wie Sie bin ich doch nicht..."

*Kerstin Reinke*

• *Was ist hier Traum, was ist Realität?*

_____

_____

_____

_____

_____

_____

_____

© Langenscheidt Verlag 1998. Vervielfältigung zu Unterrichtszwecken gestattet.

# Lösungen

**1a)**
1. **B**ern**d** schrei**bt** einen **B**rief.
2. **Gitt**e lie**gt** im **Gar**ten in **d**er Sonne.
3. **D**oris **t**rei**bt** S**p**ort.
4. **Betti** ist verlie**bt**.
5. **Gab**i ma**lt** ein **Bil**d.
6. **B**ern**d** **g**eht zu **Gitt**e un**d** sa**gt**:
   Ich ha**b**e einen **B**rief für **d**ich!!

**4a)**
1. die Gitarre
2. die Geige
3. die Flöte
4. die Trompete
5. das Keyboard
6. die Trommel
7. das Klavier
8. die Noten

## Texte zum Weiterüben

### Federleicht

Eine Straßenbahn braucht Federn, damit die Unebenheiten der Straße ausgeglichen werden. Sonst würden die Fahrgäste jedes Loch in der Straße merken.

# 8.  Ich auch! *Ich-Laut [ç] – Ach-Laut [x] – Sch [ʃ]*

## 8.1  Zum Aufbau der Lektion

### 8.1.1  Video (Dauer: 6.10 Min.)

Szene 1: Vorspann
Inhalt:  Clowns (ungeschminkt) und ausländische Studenten sprechen

> Ich. Nein, ich. Ach nein, ich. Moment, ich. Ich auch. Schsch, ich.

Ziel:  Eintauchübung

Szene 2: Clowns (Sketch)                                                    KV Ü5
Inhalt:  Zwei Clowns spielen den Dialog, vgl. Text der Übung 5 in den Kopiervorlagen.
Ziel:  Präsentation von Ich-Lauten, Ach-Lauten und [ʃ] im Kontext

Szene 3: Zauberer (Bewusstmachung)
Inhalt:  Zauberer spricht und zeigt (Schriftbild) einzelne Wörter und einen Satz mit Ich-Lauten,
Ach-Lauten und [ʃ]

| Zauberer: | Schriftbild: |
|---|---|
| Das Echo spricht Deutsch. Ich auch. | |
| Ich spreche auch Deutsch. | Ich spreche auch Deutsch. |

> In diesem Satz finden wir das [ç] wie in „ich" und das [x] wie in „auch" und das [ʃ] wie in „Deutsch". So lernen wir das [ç].

Ziel:  Demonstration und Differenzierung des Ich-Lautes, Ach-Lautes und des [ʃ]

Szene 4: Clowns
Inhalt:  Die drei Clowns sprechen Wörter und Sätze mit Ich- und Ach-Lauten und [ʃ] mit unterstützenden Gesten.

| Alle: | Jjjjjchchchch |
|---|---|
| Sala: | Ich. Ich kann es. Richtig. Ich kann es richtig sprechen. |
| Bim: | Schsch. Schön. Schsch. Deutsch. |
| Alle: | Ich auch. Ich auch. Ich auch. ... |

Ziel:  Demonstration der Ich-Laute, Ach-Laute und des [ʃ]
Zeigen von Tipps für die Realisierung des Ich-Lautes, Ach-Lautes und des [ʃ]
(Ableitung von [j] und Gesten)

## Szene 5: Ausländische Studenten

Inhalt: Drei Studenten zeigen zuerst die Anwendung der Ich- und Ach-Laute sowie des [ʃ] in zwei kleinen Dialogen.

| | |
|---|---|
| **1.** Alle: | Jjjjchchch |
| Chang: | Ich. |
| Lisa: | Ich nicht. |
| Sylwia: | Ich weiß nichts. |
| Chang: | Nichts? |
| Lisa: | Ich weiß auch – nichts. |
| **2.** Keti: | chch-schsch, chch-schsch |
| | Schön. Sehr schön. Bulgarisch. Ich spreche Bulgarisch. |
| | Ich spreche auch Deutsch. |
| Lisa: | Ich spreche Dänisch und Deutsch. |
| Sylwia: | Ich spreche Polnisch. Und Deutsch auch. |
| Chang: | Ich spreche Koreanisch und ich kann auch Deutsch. |

Ziel: Anwendung

*KV Ü4*

## Szene 6: Clowns (Sprachspiel)

Inhalt: Ein Clown fragt, welches Wort ein [ç], oder [x], oder [ʃ] hat, die anderen zwei Clowns suchen passende Wörter auf ihren Wortkärtchen und hängen sie an die Tafel neben das Transkriptionszeichen, vgl. Text der Übung 4 in den Kopiervorlagen.

Ziel: Anwendung und spielerische Variation

## Szene 7: Zauberer (Abspann)

Das ist doch ganz einfach. Nicht? Simsalabim!

### 8.1.2 Begleitbuch (Kopiervorlagen) / Audiokassette (Dauer: 7.50 Min.)

Inhalt: vgl. Kopiervorlagen (8.4)

## Übung 1: *Sprachen*

Ziele der Übungsteile

| | | |
|---|---|---|
| *TA 63* | a) | Vorbereitendes Hören: Erkennen der Ich-, Ach-Laute und Sch |
| *TA 63* | b) | Hörkontrolle: Differenzieren von Ich-Lauten, Ach-Lauten und Sch |
| *TA 64* | c) | Automatisierung durch Nachsprechen |
| | d) | Anwendung durch Satzbildung |
| | e) | Anwendung durch Dialogübung (auch Varianten) |

## Übung 2: *Ich auch!*
Ziele der Übungsteile

| | | |
|---|---|---|
| a) | Vorbereitendes Hören | TA 65 |
| b) | Hören und vergleichendes Mitlesen | TA 65 |
| c) | Hörkontrolle: Identifizieren (Erkennen) der Ich-Laute | TA 65 |
| d) | Automatisierung durch halblautes Mitlesen | TA 65 |
| e) | Automatisierung durch dialogisches Lesen | |
| f) | Anwendung durch spielerische Variation | |

## Übung 3: *Ich nicht!*
Ziele der Übungsteile

| | | |
|---|---|---|
| a) | Hören und vergleichendes Mitlesen | TA 66 |
| b) | Automatisierung durch Nachsprechen | TA 66 |
| c) | Hörkontrolle: Identifizieren (Erkennen) der Ich-Laute | TA 66 |
| d) | Anwendung: Hören und eigene Reaktion auf die Aussprüche | TA 66 |
| e) | Anwendung durch dialogisches Üben | |

## Übung 4: *Welches Wort hat ein ...?*

*VIDEO (SZENE 6)*

Ziele der Übungsteile

| | | |
|---|---|---|
| a) | Vorbereitendes Lesen | |
| b) | Differenzieren von Ich-Lauten, Ach-Lauten, [ʃ] und durch schriftliches Zuordnen | |
| c) | Vergleichendes Hören und Anwendung durch Nachsprechen | TA 67 |
| d) | Anwendung durch Spiel in der Gruppe: Wörter zuordnen | |
| e) | Anwendung durch spielerische Variation und Kombination der Beispiele | |

## Übung 5: *Das Echo*

*VIDEO (SZENE 2)*

Ziele der Übungsteile

| | | |
|---|---|---|
| a) | Verstehendes Hören | TA 68 |
| b) | Hören und vergleichendes Mitlesen | TA 68 |
| c) | Hören und halblautes Mitlesen | TA 68 |
| d) | Automatisierung durch Lesen zu dritt | |
| e) | Anwendung: Nachspielen und Variieren | |

## Texte zum Weiterüben

| | | |
|---|---|---|
| 1 | *Die drei Spatzen (Christian Morgenstern)* | TA 69 |
| 2 | *Die Nacht und das Licht (Kerstin Reinke)* | TA 70 |

Ziele der Übungsteile

| | | |
|---|---|---|
| a) | Verstehendes Hören | |
| b) | Hören und vergleichendes Mitlesen | |
| c) | Hören und auf Ich-Laut, Ach-Laut und [ʃ] achten | |
| d) | Automatisierung durch halblautes Mitlesen | |
| e) | Automatisierung durch Vorlesen | |
| sowie | Anwendung: freies Sprechen, Diskussion | |

## 8.2 Didaktische Hinweise

Tipp 1: Ich-Laut: wird an der gleichen Stelle wie das J gebildet – also zuerst [j] sprechen und dann flüstern. So entsteht automatisch ein Ich-Laut. Man kann auch bewusst beim [j] die Stimme „ausschalten" und dabei die Spannung erhöhen und die Luft kräftiger herauslassen.

Tipp 2: Ach-Laut: wird ganz weit hinten gebildet – also eine Hand locker vorn an den Hals legen und die Vibration spüren oder Schnarchen nachahmen.

Tipp 3: [ʃ]: Zähne aufeinander, Lippen nach vorn stülpen, Zungenspitze zurückbiegen und pusten.

Tipp 4: Zur Unterscheidung von Ich-Laut und [ʃ] die Hand flach unter die Unterlippe legen: beim Ich-Laut fließt die Luft auf die Hand, beim [ʃ] streicht sie über die Hand hinweg.

Tipp 5: Bei Ich- und Ach-Lauten und bei [ʃ] unbedingt auf die Laut-Buchstaben-Beziehungen achten.

## 8.3 Kenntnisse

**Regeln**

Die Buchstaben *ch* werden gesprochen als

- [x] nach *u, o, a, au*: *Buch, Tochter, Sprache, auch;*

- [ç] nach allen anderen Vokalen, nach *l, n;r* und in *-chen*: *ich, Bücher, Töchter, Nächte, leicht, euch, Milch, Kirche, manche, Mädchen;*

- [k] in der Verbindung *chs* sowie am Anfang einiger Fremdwörter und deutscher Namen: *sechs, Chor, Chemnitz.*

[ʃ] spricht man
- für die Buchstaben *sch: schön, Tasche;* aber nicht in *Häuschen (Häus-chen);*
- für *s(t): st*ehen; *s(p): sp*rechen,

[ʒ] spricht man
- für *g* in Fremdwörtern: *Garage;*
- für *j* in Fremdwörtern: *Journal*

Für die Lernenden

Wann wird der Ich-Laut, wann wird der Ach-Laut gesprochen?

| | Ich-Laut [ç] | Ach-Laut [x] |
|---|---|---|
| nach *a* wie in *Sprache* | | |
| nach *e* wie in *sprechen* | | |
| nach *i* wie in *ich* | | |
| nach *o* wie in *Tochter* | | |
| nach *u* wie in *Buch* | | |
| nach *ä* wie in *Nächte* | | |
| nach *ö* wie in *Töchter* | | |
| nach *ü* wie in *Bücher* | | |
| nach *ei* wie in *leicht* | | |
| nach *au* wie in *auch* | | |
| nach *eu* wie in *euch* | | |
| nach *l* wie in *Milch* | | |
| nach *r* wie in *Kirche* | | |
| nach *n* wie in *manche* | | |
| in *-chen* wie in *Mädchen* | | |

Lösung

| | Ich-Laut [ç] | Ach-Laut [x] |
|---|---|---|
| nach *a* wie in *Sprache* | | x |
| nach *e* wie in *sprechen* | x | |
| nach *i* wie in *ich* | x | |
| nach *o* wie in *Tochter* | | x |
| nach *u* wie in *Buch* | | x |
| nach *ä* wie in *Nächte* | x | |
| nach *ö* wie in *Töchter* | x | |
| nach *ü* wie in *Bücher* | x | |
| nach *ei* wie in *leicht* | x | |
| nach *au* wie in *auch* | | x |
| nach *eu* wie in *euch* | x | |
| nach *l* wie in *Milch* | x | |
| nach *r* wie in *Kirche* | x | |
| nach *n* wie in *manche* | x | |
| in *-chen* wie in *Mädchen* | x | |

Es folgen:

## 8.4 Kopiervorlagen der Arbeitsblätter
## 8.5 Lösungen

# 8. Ich auch! Ich-Laut [ç] – Ach-Laut [x] – SCH [ʃ]

## Übung 1: Sprachen

 **a) Aufnahme 63 hören**

 **b) Aufnahme 63 hören und in der Tabelle den richtigen Laut markieren (auch mehrfach)**

|     | ç | x | ʃ |
|-----|---|---|---|
| 1.  |   |   |   |
| 2.  |   |   |   |
| 3.  |   |   |   |
| 4.  |   |   |   |
| 5.  |   |   |   |
| 6.  |   |   |   |
| 7.  |   |   |   |
| 8.  |   |   |   |

 **c) Aufnahme 64 hören und nachsprechen**

So viele Sprachen. Chinesisch. Deutsch. Englisch. Griechisch. Kasachisch. Spanisch. Tschechisch.

 **d) Sätze bilden:**

Chinesisch spricht man in China.

...

**e) zu zweit üben (auch mit anderen Sprachen)**

A: Polnisch.
B: Polnisch spricht man in Polen.

...

# Übung 2: Ich auch!

**a) Aufnahme 65 hören**

**b) Aufnahme 65 hören und still mitlesen**

A: Ich gehe ins Geschäft.
B: Ich auch.
A: Ich kaufe schöne Sachen.
B: Ich auch.
A: Ich kaufe tschechische Streichhölzer.
B: Ich auch.
A: Ich kaufe chinesische Taschentücher.
B: Ich auch.
A: Ich kaufe Schweizer Käse.
B: Ich auch.
A: Der Schweizer Käse stinkt.
B: Ich auch. – Nein, ich nicht!

**c) Aufnahme 65 hören und Ich-Laute unterstreichen**

**d) Aufnahme 65 hören und halblaut mit lesen**

**e) zu zweit lesen**          **f) variieren: andere Sachen kaufen (Käse bleibt)**

# Übung 3: Ich nicht!

**a) Aufnahme 66 hören und still mitlesen**

Michael ärgert sich.
Achim fürchtet sich.
Richard verspätet sich.
Jeanette beschwert sich.
Friedrich entschuldigt sich.
Julchen legt sich schlafen.

**b) Aufnahme 66 hören und nachsprechen**

**c) Aufnahme 66 hören und Ich-Laute unterstreichen**

**d) Aufnahme 66 hören und widersprechen**

Michael ärgert sich. ☞ Ich ärgere mich nicht.

**e) zu zweit üben**

A: Michael ärgert sich. Und du?  B: Ich ärgere mich nicht!

# Übung 4: Welches Wort hat ein...?

*a) still lesen*

| [ʃ] | [ç] | [x] |
|---|---|---|
| schwer | echt | hoch |
| schön | leicht | auch |
| falsch | sicher | einfach |

 *b) weitere Wörter in Übersicht unter a) einordnen*

Buch, Dach, Kirche, Rechnung, Geschenk, Schirm, Marsmännchen, Schwester, Woche

*c) Aufnahme 67: alle eingeordneten Beispiele hören und nachsprechen*

*d) spielen:*

    1. alle Wörter auf Karten schreiben und verteilen
    2. Frage: Welche Wörter haben ein [ʃ]? Oder ein [ç]? Oder ein [x]?
    3. richtige Karten hochhalten

*e) kombinieren: Was kann schwer, schön, falsch, echt, leicht, hoch, einfach sein?*

Was kann schwer sein? Ein Buch kann schwer sein.
Die Woche kann schwer sein ...

# Übung 5: Das Echo

*a) Aufnahme 68: Sketch hören*

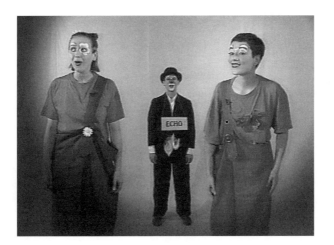

*b) Aufnahme 68 hören und still mitlesen*

| | |
|---|---|
| Sim: | Wer spricht ohne Mund? Und in allen Sprachen? |
| Sala: | Ich weiß nicht. |
| Sim: | Das Echo. Hör mal! |
| | Echo, sprichst du Englisch? |
| Echo: | Englisch, Englisch, Englisch... |
| Sim: | Sprichst du Spanisch? |
| Echo: | Spanisch, Spanisch, Spanisch |
| Sala: | Und auch Deutsch? |
| Echo: | Deutsch, Deutsch, Deutsch... |

*c) Aufnahme 68 hören und halblaut mitlesen*

*d) zu dritt laut vorlesen (Aufnahme)*

*e) spielen und variieren (z.B. andere Sprachen)*

# Texte zum Weiterüben

Aufnahmen 69, 70:

**a) hören**

**b) hören und still mitlesen**

**c) hören und auf Wörter mit <ch> und <sch> achten**

**d) hören und halblaut mitlesen**

**e) laut vorlesen**

**69** 1.     Die drei Spatzen

In einem leeren Haselstrauch,
da sitzen drei Spatzen Bauch an Bauch.

Der Erich rechts und links der Franz
und mittendrin der freche Hans.

Sie haben die Augen zu, ganz zu,
und obendrüber, da schneit es, hu!

Sie rücken zusammen, dicht an dicht.
So warm wie der Hans hat's niemand nicht.

Sie hör'n alle drei ihrer Herzen Gepoch,
und wenn sie nicht weg sind,
so sitzen sie noch.

*Christian Morgenstern*

• **Was machen Menschen, wenn es ihnen kalt ist?**

_____

_____

_____

_____

_____

2.    **Die Nacht und das Licht**

An einem Morgen traf die Nacht das Sonnenlicht. „Lass uns miteinander sprechen", sagte die Nacht. „Es ist manchmal unheimlich, wenn es so ruhig ist".
„Ich brauche keine Gespräche mit dir.", erwiderte das Licht. „Bei mir ist es niemals
still." Die Menschen sprechen den ganzen Tag, und auch die Tiere unterhalten
sich. Wovor sollte ich mich also fürchten? Die Menschen haben mich auch viel
lieber als dich. Ich bin besser und wichtiger als du."
Die Nacht lächelte ein bisschen. „Warum? Ich glaube, wir sind beide gut und wich-
tig. Oder?"
Doch das Licht hatte nur auf diese Frage gewartet:
„Ich bin fröhlich", sagte das Licht.
„Ich bin friedlich", sagte die Nacht.
„Ich bin ehrlich", behauptete das Licht.
„Ich bin höflich", sagte die Nacht.
„Ich mache die Menschen glücklich", jubelte das Licht.
„Und ich mache sie nachdenklich", bemerkte die Nacht.
„Ich schenke den Menschen das Lachen", rief das Licht.
„Und ich lasse sie ruhig träumen...", sprach die Nacht.
„Ach, Träume sind doch nur Schäume", lachte das Licht. „Ich mache den Men-
schen meistens sowieso einen Strich durch die Rechnung."
Das Licht hätte gern noch viel mehr gesagt. Aber die Nacht war schon hinter den
Dächern verschwunden. „Eigentlich schade", dachte das Licht. „Es war ganz lus-
tig, die Nacht ein bisschen zu ärgern." Und dann leuchtete es vor Freude ganz hell.
Es sah natürlich nicht, wie sich an einer Straßenecke zwei Verliebte „Auf Wiedersehen" sagten, und es sah auch nicht, dass hinter einem Fenster ein Dichter müde
den Stift aus der Hand legte. Das alles konnte das Licht nicht sehen ...

*Kerstin Reinke*

• *Was sieht die Nacht nicht, was sieht das Licht nicht?*

• *Wofür brauchen wir die Nacht, wofür brauchen wir das Licht?*

_____

_____

_____

_____

_____

_____

_____

# Lösungen

**1b)**

|  | ç | x | ʃ |
|---|---|---|---|
| 1 Deutsch |  |  | x |
| 2 Englisch |  |  | x |
| 3 Spanisch |  |  | x x |
| 4 Kasachisch |  | x | x |
| 5 Chinesisch | x |  | x |
| 6 Griechisch | x |  | x |
| 7 Tschechisch | x |  | x x |
| 8 Sprachen |  | x | x |

**1d)**
Chinesisch spricht man in China.

Deutsch spricht man in Deutschland. (in Österreich, in der Schweiz, ...)

Englisch spricht man in England. (in den USA, ...)

Griechisch spricht man in Griechenland.

Kasachisch spricht man in Kasachstan.

Spanisch spricht man in Spanien. (in Argentinien, ...)

Tschechisch spricht man in Tschechien.

**2c)**
A: Ich gehe ins Geschäft.

B: Ich auch.

A: Ich kaufe schöne Sachen.

B: Ich auch.

A: Ich kaufe tschechische Streichhölzer.

B: Ich auch.

A: Ich kaufe chinesische Taschentücher.

B: Ich auch.

A: Ich kaufe Schweizer Käse.

B: Ich auch.

A: Der Schweizer Käse stinkt.

B: Ich auch. Nein, Ich nicht!

**3c)**

| | |
|---|---|
| Michael ärgert sich. | Ich ärgere mich nicht. |
| Achim fürchtet sich. | Ich fürchte mich nicht. |
| Richard verspätet sich. | Ich verspäte mich nicht. |
| Jeanette beschwert sich. | Ich beschwere mich nicht. |
| Friedrich entschuldigt sich. | Ich entschuldige mich nicht. |
| Julchen legt sich schlafen. | Ich lege mich nicht schlafen. |

**4b)**

| [ʃ] | [ç] | [x] |
|---|---|---|
| Geschenk | Kirche | Buch |
| Schirm | Rechnung | Dach |
| Schwester | Marsmännchen | Woche |

# 9. Hier und dort. Überall R! *R-Laute*

## 9.1 Zum Aufbau der Lektion

### 9.1.1 Video (Dauer: 5.00 Min.)

## Szene 1: Vorspann
Inhalt:  Clowns (ungeschminkt) und ausländische Studenten sprechen

> Hier. Hier. Nein, hier. Dort. Nein, dort. Hier und dort. Überall. Überall Rrrrrrr.

Ziel:  Eintauchübung

## Szene 2: Clowns (Sketch)
Inhalt:  Zwei Clowns spielen den Dialog, vgl. Text der Übung 5 in den Kopiervorlagen.          *KV Ü5*
Ziel:  Präsentation der R-Laute im Kontext

## Szene 3: Zauberer (Bewusstmachung)
Inhalt:  Zauberer spricht und zeigt (Schriftbild) einzelne Wörter und einen Satz mit R-Lauten.

| Zauberer: | Schriftbild: |
|---|---|
| Was ist nur mit Fridolin passiert. Er hat jetzt einen Bart und ist ganz groß und Fridolin heißt er auch nicht mehr. | |
| groß – mehr | groß – mehr |
| Es gibt ein R, das man gut hören kann: groß, grau, rot, schwarz. | |
| Und es gibt ein R, das man nicht hört: mehr, aber, hier. | |

Ziel:  Demonstration und Differenzierung der R-Laute (konsonantisch und vokalisiert)

## Szene 4: Clowns
Inhalt:  Die drei Clowns sprechen Wörter und Sätze mit R-Lauten mit unterstützenden Gesten und Ableitungen (z.B. auch rot).

| | |
|---|---|
| Sala: | Rrrr – rot *(Zäpfchen-R)* |
| Bim: | Rrrr – rot *(Zungenspitzen-R)* |
| Sim: | Rrrr – rot *(Reibe-R)* |
| Sala: | Rot. |
| Sim: | Rund. |
| Sala: | Auch rot. |
| Sim: | Auch rund. |
| Bim: | Rot und auch rund. Und jetzt das andere R. |
| Sala: | Vier. |
| Bim: | Uhr. |
| Sim: | Vier Uhr. |

| | |
|---|---|
| Sala: | Wir sind vier. |
| Bim: | Sind wir vier? |
| Sim: | Wir sind vier. |
| Sala: | Eins... |
| Bim: | Zwei... |
| Sim: | Drei... alle: Wir sind drei! |

Ziel: Bewusstmachung und Demonstration der R-Laute, Zeigen von Tipps für die Realisierung der R-Laute, Anwendung im Kontext

KV Ü3

## Szene 5: Ausländische Studenten

Inhalt: Drei ausländische Studenten präsentieren in einem kleinen Gespräch die gelernten R-Laute, vgl. Text der Übung 3 in den Kopiervorlagen.

Ziel: Anwendung

KV Ü4

## Szene 6: Clowns (Sprachspiel)

Inhalt: Ein Clown macht Salat ohne R (vokalisiertes R), der andere kocht eine Suppe mit R (konsonantisches R); beide wählen die passenden Zutaten dafür aus, vgl. Text der Übung 4 in den Kopiervorlagen.

Ziel: Automatisierung und spielerische Variation

## Szene 7: Zauberer (Abspann)

Lecker, lecker! Aber wer kann einen Salat ohne R machen? Simsalabim!

### 9.1.2 Begleitbuch (Kopiervorlagen) / Audiokassette (Dauer: 6.20 Min.)

Inhalt: vgl. Kopiervorlagen (9.4)

## Übung 1: *Überall R?*

Ziele der Übungsteile

TA 71 a) Hörkontrolle: Identifizieren der *R*-Laute (vokalisches und konsonsonantisches *R)*

TA 71 b) Automatisierung durch Hören und Nachsprechen

TA 72 c) Hörkontrolle: Identifizieren (Erkennen) der *R*-Laute

TA 72 d) Vergleichendes Hören

TA 73 e) Automatisierung durch Nachsprechen

VIDEO (SZENE 4)

## Übung 2: *Drei oder vier?*

Ziele der Übungsteile

TA 74 a) Vorbereitendes Hören

TA 74 b) Hören und vergleichendes Mitlesen

TA 74 c) Hörkontrolle: Identifizieren (Erkennen) der vokalisierten R-Laute

TA 74 d) Automatisierung durch halblautes Mitlesen

TA 74 e) Automatisierung durch Lesen und Spielen zu dritt

TA 75 f) Hören und vergleichendes Mitlesen

TA 75 g) Automatisierung durch Hören und halblautes Mitlesen

h) Anwendung: Beantworten von Fragen

## Übung 3: *Was ist das?*

Ziele der Übungsteile

a) Verstehendes Hören                                                                      TA 76
b) Hören und vergleichendes Mitlesen                                                        TA 76
c) Hörkontrolle: Identifizieren (Erkennen) der vokalisierten R-Laute                        TA 76
d) Automatisierung durch Lesen und Spielen zu dritt
e) Anwendung durch Finden eigener Varianten


## Übung 4: *Suppe und Salat*                                                               VIDEO (SZENE 6)

Ziele der Übungsteile

a) Hören und vergleichendes Mitlesen                                                        TA 77
b) Automatisierung durch dialogisches Lesen
c) Anwendung durch Spiel in der Gruppe
d) Anwendung durch spielerische Variation


## Übung 5: *Herr Fridolin*                                                                 VIDEO (SZENE 2)

Ziele der Übungsteile

a) Verstehendes Hören                                                                      TA 78
b) Hören und vergleichendes Mitlesen                                                        TA 78
c) Hören und lautes Mitlesen                                                                TA 78
d) Hörkontrolle: Identifizieren (Erkennen) der vokalisierten R-Laute                        TA 78
e) Automatisierung durch dialogisches Lesen
f) Anwendung: Nachspielen und Variieren

### Texte zum Weiterüben

1  *fünfter sein (Ernst Jandl)*                                                             TA 79
2  *Porträt (Adel Karasholi)*                                                               TA 80


Ziele der Übungsteile

a) Verstehendes Hören
b) Hören und vergleichendes Mitlesen
c) Hören und auf R-Laute achten
d) Automatisierung durch halblautes Mitlesen
e) Automatisierung durch Vorlesen
sowie  Anwendung: freies Sprechen, Diskussion


## 9.2   Didaktische Hinweise

Tipp 1:  Konsonantisches R: alle drei Varianten sind möglich und korrekt: Reibe-R, Zungen-
         spitzen-R, Zäpfchen-R – also überlegen, ob es eine R-Variante auch in der Mutter-
         sprache der Lerner gibt.
Tipp 2:  Reibe-R lässt sich gut vom Ach-Laut ableiten – Wortgruppen wie *auch rot, auch rund*
         sprechen und sich dabei vorstellen, dass am Anfang des zweiten Wortes gar kein R
         steht, sondern ein Ach-Laut.
Tipp 3:  Zäpfchen-R klingt wie beim Gurgeln.
Tipp 4:  Vokalisiertes R klingt so ähnlich wie das E in *bitte*, liegt aber etwas weiter hinten –
         Minimalpaare wie *bitte – bitter* üben.

## 9.3 Kenntnisse

**Regeln**

Im Deutschen muss man zwischen zwei Hauptvarianten unterscheiden:
Der Konsonant *R* wird deutlich hörbar, d. h. als Reibe-, Zäpfchen- oder
Zungenspitzen-*R* gesprochen ([r])
- am Anfang eines Wortes oder einer Silbe: *rot, Uh-ren;*
- nach Konsonanten: *groß;*
- nach kurzen Vokalen: *Mark, Herr.*

*R* wird vokalisiert ([ɐ])
- nach langen Vokalen: *Uhr,*
- in der unbetonten Verbindung **er-, ver-, zer-** und **-er:** *er*zählen, *Verkäufer,*
  *zer*stören, *Lehrer, aber;*

### Für die Lernenden

Wann hört man das *R* deutlich, wann klingt es wie ein Vokal?

|  | konsonantisch [r] | vokalisch [ɐ] |
|---|---|---|
| am Wort- oder Silbenanfang wie in *rot* und *Uh-ren* | | |
| nach kurzem Vokal wie in *Herr* | | |
| nach langem Vokal wie in *Uhr* | | |
| nach Konsonant wie in *groß* | | |
| in *-er* wie in *aber* | | |

### Lösung

|  | konsonantisch [r] | vokalisch [ɐ] |
|---|---|---|
| am Wort- oder Silbenanfang wie in *rot* und *Uh-ren* | x | |
| nach kurzem Vokal wie in *Herr* | x | |
| nach langem Vokal wie in *Uhr* | | x |
| nach Konsonant wie in *groß* | x | |
| in *-er* wie in *aber* | | x |

Es folgen:

## 9.4 Kopiervorlagen der Arbeitsblätter
## 9.5 Lösungen

Information für Lehrer

# 9. Hier und dort. Überall R!
## R-Laute

## Übung 1: Überall R?

*a) Aufnahme 71 hören und in der Tabelle markieren, ob das Wort ein richtiges R ([r]) oder ein vokalisches R ([ɒ])enthält:*

|  | r | ɐ |
|---|---|---|
| 1. grau |  |  |
| 2. aber |  |  |
| 3. Herr |  |  |
| 4. hier |  |  |
| 5. Haare |  |  |
| 6. her |  |  |
| 7. groß |  |  |
| 8. mehr |  |  |

*b) Aufnahme 71 hören und nachsprechen*

*c) Aufnahme 72: je ein Wort hören und unterstreichen*

1. her – Herr
2. See – sehr
3. Deutsche – Deutscher
4. lieber – liebe
5. Start – Stadt
6. leise – Reise

*d) Aufnahme 72 noch einmal hören und Lösungen vergleichen*

*e) Aufnahme 73: Wortpaare hören und nachsprechen*

R R R R R R R R r r R R r r R R r r r R R r r R R r r r R R r r R R r r r R R r r R

# Übung 2: Drei oder vier?

 *a) Aufnahme 74 hören*

 *b) Aufnahme 74 hören und still mitlesen*

| Sala: | Wir sind vier. |
|---|---|
| Bim: | Sind wir vier? |
| Sim: | Wir sind vier. |
| Sala: | Eins... |
| Bim: | Zwei... |
| Sim: | Drei..... |
| Alle: | Wir sind drei. |

 *c) Aufnahme 74 hören und vokalisierte R-Laute im Text durchstreichen*

*d) Aufnahme 74 hören und halblaut mitlesen*

*e) zu dritt lesen und spielen*

 *f) Aufnahme 75 hören und still mitlesen*

Und wie viele seid ihr?
Drei oder vier?
Oder dreizehn?
Oder dreißig?
Oder dreiundvierzig?
Oder noch mehr?
Und wie alt seid ihr?
Seit wann lernt ihr Deutsch?
Wie viele Wörter kennt ihr schon?

*g) Aufnahme 75 hören und halblaut mitlesen*

*h) Fragen beantworten*

R R R R R R R R R R R R R R R R R R R R R R R R R R R R R R R R R R R R R R R R

# Übung 3: Was ist das?

*a) Aufnahme 76 hören*

*b) Aufnahme 76 hören und still mitlesen*

| | |
|---|---|
| Lise: | So groß, so rot, so rund, so interessant. Sehr groß, sehr interessant! |
| Keti: | Wovon redest du? |
| Sylwia: | Was ist rot? |
| Keti: | Was ist groß? Sehr groß? |
| Sylwia: | Was ist rund? |
| Keti: | Was ist interessant? |
| Lise: | Das verrate ich euch nicht. |

*c) Aufnahme 76 hören und vokalisierte R-Laute im Text durchstreichen*

*d) zu dritt lesen und spielen*

*e) selbst ein Rätsel ausdenken*

# Übung 4: Suppe und Salat

*a) Aufnahme 77 hören und still mitlesen*

### [ɐ]-Suppe

Bim:  Ich koche eine Suppe ohne R.
Ich nehme dafür Butter.
Ich nehme dafür Pfeffer. Und Eier.
Und Wasser.

### [r]-Salat

Sim:  Und ich mache einen Salat mit R.
Ich brauche: Reis, Wurst, Möhren und Gurken.

Bim:  In der Suppe ohne R sind Eier, Butter, Pfeffer und Wasser.
Sim:  Hmmmm.
Bim:  Lecker.
Sim:  Und in meinem Salat mit R sind Gurken, Möhren, Wurst und Reis.

*b) zu zweit lesen*

*c) spielen*

*d) Wer kann einen Salat ohne R machen?*

# Übung 5: Herr Fridolin

 *a) Aufnahme 78: Sketch hören*

 *b) Aufnahme 78 hören und still mitlesen*

> A:    Sie hier? Haben Sie sich aber verändert, Herr Fridolin.
>         Sie haben ja graue Haare bekommen und groß sind Sie geworden.
>         Und Sie tragen ja jetzt auch einen Bart ...
> B:    Aber – ich heiße gar nicht Fridolin.
> A:    Was? Fridolin heißen Sie auch nicht mehr?

*c) Aufnahme 78 hören und halblaut mitlesen*

 *d) Aufnahme 78 hören und vokalisierte R-Laute im Text durchstreichen*

*e) zu zweit laut vorlesen*

*f) spielen und variieren (z.B. andere Namen, andere Veränderungen)*

# Texte zum Weiterüben

Aufnahmen 79, 80:

*a) hören*

*b) hören und still mitlesen*

*c) hören und auf R-Laute achten*

*d) hören und halblaut mitlesen*

*e) laut vorlesen*

1.

**fünfter sein**

| | |
|---|---|
| tür auf | tür auf |
| einer raus | einer raus |
| einer rein | einer rein |
| vierter sein | nächster sein |
| | |
| tür auf | tür auf |
| einer raus | einer raus |
| einer rein | selber rein |
| dritter sein | tagherrdoktor |
| | |
| tür auf | |
| einer raus | |
| einer rein | |
| zweiter sein | |

*Ernst Jandl*

• **Und was passiert weiter?**

_____

_____

_____

_____

2.  ## Porträt

Er ist freundlich
Zu seinen Nachbarn
Er kann laut lachen
Aus Verlegenheit
Er trinkt gern
Raucht nicht
Er besitzt ein Auto
Eine Frau
Ein Eigenheim
Und zwei Kinder

Vor der Tür zu seinem Büro
Tritt er sich gründlich ab
Schuhe und Seele

Hinter seinem Schreibtisch
Hört er die Klagen an
Mit Bedauern

Zwischen den Schultern
Wächst ihm plötzlich
Ein Stempel

*Adel Karasholi*

• **Was bedeutet hier der Stempel?**

• **Gibt es solche Leute wirklich? Wo?**

_____

_____

_____

_____

# Lösungen

**1a)**

|  | [r] | [ɐ] |
|---|---|---|
| 1. grau | x | |
| 2. aber | | x |
| 3. Herr | x | |
| 4. hier | | x |
| 5. Haare | x | |
| 6. her | | x |
| 7. groß | x | |
| 8. mehr | | x |

**1c)**

1. her – <u>Herr</u>
2. See – <u>sehr</u>
3. <u>Deutsche</u> – Deutscher
4. <u>lieber</u> – liebe
5. <u>Start</u> – Stadt
6. leise – <u>Reise</u>

**2c)**

| Sala: | Wir sind vier. |
|---|---|
| Bim: | Sind wir vier? |
| Sim: | Wir sind vier. |
| Sala: | Eins... |
| Bim: | Zwei... |
| Sim: | Drei..... |
| Alle: | Wir sind drei. |

**3c)**

| Lise: | So groß, so rot, so rund, so interessant. Sehr groß, sehr interessant! |
|---|---|
| Keti: | Wovon redest du? |
| Sylwia: | Was ist rot? |
| Keti: | Was ist groß? Sehr groß? |
| Sylwia: | Was ist rund? |
| Keti: | Was ist interessant? |
| Lise: | Das verrate ich euch nicht. |

**5d)**

| A: | Sie hier? Haben Sie sich aber verändert, Herr Fridolin. |
|---|---|
| | Sie haben ja graue Haare bekommen und groß sind Sie geworden. |
| | Und Sie tragen ja jetzt auch einen Bart ... |
| B: | Aber – ich heiße gar nicht Fridolin. |
| A: | Was? Fridolin heißen Sie auch nicht mehr? |

# 10.  Das da? *Assimilation*

## 10.1  Zum Aufbau der Lektion

### 10.1.1  Video (Dauer: 3.50 Min.)

#### Szene 1: Vorspann

Inhalt:  Clowns (ungeschminkt) und ausländische Studenten sprechen

| |
|---|
| Du da! Die da! Der da! Die da! Das da. Das da? Das da. Das da? Weg da! |

Ziel:  Eintauchübung

KV Ü5

#### Szene 2: Clowns (Sketch)

Inhalt:  Zwei Clowns spielen den Dialog, vgl. Text der Übung 5 in den Kopiervorlagen.

Ziel:  Präsentation der Assimilationserscheinungen im Kontext.

#### Szene 3: Zauberer (Bewusstmachung)

Inhalt:  Zauberer spricht und zeigt (Schriftbild) Wortgruppen und weist auf den Unterschied zwischen *ein Bild* die Konsonanten bleiben stimmhaft) und *das Bild* (unterstrichene Laute sind stimmlos) hin.

| Zauberer: | Schriftbild: |
|---|---|
| Ein ganz kleines Bild. | |
| ein Bild – das Bild | ein Bild – das Bild |
| **Achtung: ein Bild aber: das Bild! So oder so!** | |

Ziel:  Demonstration der Assimilationserscheinungen

#### Szene 4: Clowns

Inhalt:  Die drei Clowns sprechen Wortgruppenpaare, zeigen zuerst, wie man es nicht machen soll und präsentieren dann die richtige Realisierung.

| | |
|---|---|
| Sala: | Das Bild. (falsch gesprochen) |
| Bim: | Falsch! Das Bild. |
| Sala: | Das Bild. |
| Bim: | Oh, das ist falsch. Das Bild. |
| Sala: | Das Bild. |
| Bim: | Richtig. Noch einmal: Ein Bild... |
| Sala: | Das Bild. |
| Bim: | Ein Buch. |
| Sala: | Das Buch. |
| Bim: | Ein Geschenk. |
| Sala: | Das Geschenk. |

Ziel:  Bewusstmachung der Assimilationserscheinungen

## Szene 5: Ausländische Studenten

KV Ü5

Inhalt: Drei ausländische Studenten präsentieren in einem kleinen Gespräch die gelernten Assimilationserscheinungen, vgl. Text der Übung 2 in den Kopiervorlagen.

Ziel: Anwendung

## Szene 6: Clowns (Sprachspiel)

Inhalt: Drei Clowns kombinieren Wortkarten mit Substantiven zu zusammengesetzten Substantiven.

Das lustige Wörterlotto. Wir kombinieren. Welche Wörter finden wir? *(Auf kleinen Tafeln stehen Wörter, aus denen die Clowns abwechselnd Komposita bilden.)*

| **Druck, Heft, Notiz, Seite, Fach, Buch** |
|---|

Clowns: *(rufen abwechselnd):*

Buchdruck, Buchseite, Fachbuch, Notizheft, Notizbuch, Notizheftseite, Fachbuchseite, Notizbuchseite.

Ziel: Anwendung und spielerische Variation

## Szene 7: Zauberer (Abspann)

Welches Buch? Welche Seite? Welches Heft? Simsalabim!

## 10.1.2 Begleitbuch (Kopiervorlagen) / Audiokassette (Dauer: 6.50 Min.)

Inhalt: vgl. Kopiervorlagen (10.4)

## Übung 1: *Ein Bild? Das Bild!*

Ziele der Übungsteile

a)  Hören und vergleichendes Mitlesen                 *TA 81*
b)  Automatisierung durch Hören und Nachsprechen        *TA 81*

## Übung 2: *Das da!*

VIDEO (SZENE 4)

Ziele der Übungsteile

a)  Vorbereitendes Hören                                *TA 82*
b)  Hören und vergleichendes Mitlesen                   *TA 82*
c)  Automatisierung durch Vorlesen zu dritt
d)  Anwendung durch Nachspielen zu dritt
e)  Anwendung durch Variieren

*Information für Lehrer*

### Übung 3: *Was ist das?*
Ziele der Übungsteile

TA 83 a)     Verstehendes Hören
TA 83 b)     Automatisierung durch Hören und Nachsprechen
        c)     Wortschatzarbeit: passende Wörter einsetzen
TA 84 d)     Vergleichendes Hören und Mitlesen
TA 84 e)     Automatisierung durch Hören und Nachsprechen
        f)     Anwendung durch Fragen im Dialog
        g)     Anwendung durch spielerische Variation in der Gruppe

### Übung 4: *Wörterlotto*
Ziele der Übungsteile

        a)     Vorbereitende Leseübung (einzelne Wörter)
        b)     Wortschatzarbeit: Zusammensetzungen (Komposita) bilden
TA 85 c)     Vergleichendes Hören und Anwendung durch Nachsprechen
        d)     Anwendung durch dialogische Übung

VIDEO (SZENE 2)

### Übung 5: *Ein ganz kleines Bild*
Ziele der Übungsteile

TA 86 a)     Verstehendes Hören
TA 86 b)     Hören und vergleichendes Mitlesen
        c)     Automatisierung durch dialogisches Lesen
        d)     Anwendung: Nachspielen und Variieren
        e)     Anwendung durch spielerische Variation

### Texte zum Weiterüben

TA 87 1     *Goethe und die Studenten (überliefert)*
TA 88 2     *Zwei Frauen (Adel Karasholi)*
TA 89 3     *Briefwechsel (Heinz J. Zechner)*

Ziele der Übungsteile

        a)     Verstehendes Hören
        b)     Hören und vergleichendes Mitlesen
        c)     Hören und auf Assimilationen achten
        d)     Automatisierung durch halblautes Mitlesen
        e)     Automatisierung durch Vorlesen
     sowie     Anwendung: freies Sprechen, Diskussion

## 10.2   Didaktische Hinweise

Tipp 1:    Assimilationserscheinungen in Bezug auf den Verlust der Stimmhaftigkeit lassen sich oft nicht auf einfache Weise erklären: also lieber nur zeigen, wie man es nicht sprechen soll (stimmhafte Explosive und Frikative an den Silben und Wortgrenzen), und dann, wie es eigentlich klingen soll (stimmlose Explosive und Frikative an den Silben- und Wortgrenzen).

Tipp 2:    In Texten solche Stellen markieren lassen, wo Stimmhaftigkeit beim Sprechen verloren geht.

Tipp 3:    Assimilationen überdeutlich präsentieren und üben.

## 10.3  Kenntnisse

**Regeln**

Assimilation heißt: aufeinander folgende Laute beeinflussen sich gegenseitig. Eine wichtige Assimilationserscheinung im Deutschen ist die Veränderung der Stimmhaftigkeit. Dabei werden im Deutschen die stimmlosen Konsonanten nie verändert, nur stimmhafte Konsonanten sind betroffen, sie werden stimmlos. Diese Veränderung wirkt immer nach vorn (progressiv), also auf den folgenden Konsonanten.

Folgende Kombination ist besonders wichtig beim Deutschlernen. Hier passiert oft der Fehler, dass beide Konsonanten stimmhaft gesprochen werden, wie es für andere Sprachen typisch ist.

- stimmloser + stimmhafter Konsonant wie in *da**s** **B**uch*
▶ der erste Konsonant bleibt stimmlos, der zweite wird ebenfalls stimmlos

Darüber hinaus kommen noch weitere Kombinationen vor, die aber an sich unproblematisch sind, z.B.

- stimmhafter + stimmhafter Konsonant wie in *ei**n** **B**uch*
▶ beide Konsonanten bleiben stimmhaft
- stimmhafter + stimmloser Konsonant wie in *ei**n** **P**aket*
▶ der erste Konsonant bleibt stimmhaft (gilt nur für Nasale, L- und R-Laute, die anderen Konsonanten sind in dieser Position durch die Auslautverhärtung sowieso stimmlos), der zweite Konsonant bleibt stimmlos
- stimmloser + stimmloser Konsonant wie in *da**s** **P**aket*
▶ beide Konsonanten bleiben stimmlos
- Vokal + stimmhafter Konsonant wie in *di**e** **B**lume*
▶ der anlautende Konsonant bleibt stimmhaft

Information für Lehrer

## Für die Lernenden

Ein Konsonant kann den nächsten verändern. Wie ist es bei folgenden Kombinationen?

Der 2. Konsonant ist ...

| | stimmlos | stimmhaft |
|---|---|---|
| 1. stimmhafter + stimmhafter Konsonant wie in *ein **B**uch* | | |
| 2. stimmhafter + stimmloser Konsonant wie in *ein **P**aket* | | |
| 3. stimmloser + stimmhafter Konsonant wie in *da**s B**uch* | | |
| 4. stimmloser + stimmloser Konsonant wie in *da**s P**aket* | | |
| 5. Vokal + stimmhafter Konsonant wie in *di**e B**lume* | | |

## Lösung

Der 2. Konsonant ist ...

| | stimmlos | stimmhaft |
|---|---|---|
| 1. stimmhafter + stimmhafter Konsonant wie in *ein **B**uch* | | x |
| 2. stimmhafter + stimmloser Konsonant wie in *ein **P**aket* | x | |
| 3. stimmloser + stimmhafter Konsonant wie in *da**s B**uch* | x | |
| 4. stimmloser + stimmloser Konsonant wie in *da**s P**aket* | x | |
| 5. Vokal + stimmhafter Konsonant wie in *di**e B**lume* | | x |

Es folgen:

**10.4 Kopiervorlagen der Arbeitsblätter**

**10.5 Lösungen**

Information für Lehrer

# 10. *Das da?* Assimilation

## Übung 1: Ein Bild? Das Bild!

*a) Aufnahme 81 hören und still mitlesen, auf Markierungen achten*
   *(fette Buchstaben)*

1. ei**n** **B**ild – da**s** **B**ild – mei**n** **B**ild – diese**s** **B**ild
2. ei**n** **B**uch – da**s** **B**uch – ein Ko**chb**uch – sei**n** **B**uch
3. ei**n** **G**eschenk – da**s** **G**eschenk – uns**er** **G**eschenk – welche**s** **G**eschenk
4. ei**n** **D**orf – da**s** **D**orf – ach**t** **D**örfer – zeh**n** **D**örfer
5. d**ie** **S**uppe – Gemüs**es**uppe – Mil**chs**uppe – Fi**schs**uppe
6. da**s** **G**emüse – grüne**s** **G**emüse – frische**s** **G**emüse – kei**n** **G**emüse

*b) Aufnahme 81 hören und nachsprechen*

## Übung 2: Das da!

*a) Aufnahme 82 hören*

*b) Aufnahme 82 hören und mitlesen*

Lise:   Gib mir bitte das Wörterbuch.
Keti:   Gibst du mir bitte das Heft?
Chang: Hier ist das Buch.
Lise:   Nein, ich brauche das Wörterbuch.
Chang: Das Wörterbuch.
Keti:   Gibst du mir das Heft?
Lise:   Das Wörterbuch! Das da!
Keti:   Das Heft dort!

*c) zu dritt vorlesen*

*d) zu dritt spielen*

*e) andere Beispiele im Dialog üben (Bett, Blatt, Ding, Denkmal, Geld, Geschäft, Gesicht, Salz, ...)*

A: Welches Bett?          B: Nein, dieses Bett.
B: Dieses Bett.           A: Mein Bett?
A: Dieses Bett?           B: Nein, sein Bett. usw.

# Übung 3: Was ist das?

 *a) Aufnahme 83: Fragen hören*

*b) Aufnahme 83: Fragen hören und nachsprechen*

 *c) schriftlich die Antwort ergänzen (die Erde, der Himmel, der Regenbogen,*
*das Gras, Essig, Zucker, die Nacht, der Elefant)*

1. Was ist bunt? _____ ist bunt.
2. Was ist blau? _____ ist blau.
3. Was ist groß? _____ ist groß.
4. Was ist grün? _____ ist grün.
5. Was ist braun? _____ ist braun.
6. Was ist dunkel? _____ ist dunkel.
7. Was ist sauer? _____ ist sauer.
8. Was ist süß? _____ ist süß.

 *d) Aufnahme 84: Antworten hören, vergleichen und still mitlesen*

*e) Antworten hören und nachsprechen*

*f) zu zweit im Dialog üben (einer fragt, der andere sagt die Antwort)*

*g) „Ich sehe was, was du nicht siehst" spielen (Gegenstände im Raum oder Kleidung usw. erraten)*

Ich sehe was, was du nicht siehst, und das ist blau. Was ist das?
(grün, gelb, grau, dick, dünn, braun,....).

Alle anderen müssen raten.

# Übung 4: Wörterlotto

### a) Wörter lesen

| Obst | Glas | Eis | Suppe | Saft | Garten | Reis |
|------|------|-----|-------|------|--------|------|
| Milch | Salat | Fisch | Becher | Wurst | Brötchen | Fleisch |

### b) Was passt zusammen? Zusammensetzungen bilden

_____

_____

_____

_____

_____

### c) Aufnahme 85: einige Lösungen hören und nachsprechen

### d) zu zweit üben

    A: Was passt zu Glas?
    B: Milch – das Milchglas.

# Übung 5: Ein ganz kleines Bild

### a) Aufnahme 86: Sketch hören

### b) Aufnahme 86 hören und still mitlesen

Bim:     Guten Tag, ich möchte ein Bild kaufen.
Sala:    Ja, gern. Und was für eins?
Bim:     Ein ganz kleines Bild.
Sala:    So? Ein kleines. Und welcher Maler soll es sein?
Bim:     Ach, ich will nur das Bild. Nicht den Maler.

### c) zu zweit lesen

### d) spielen

### e) variieren (z.B. für Bild/Maler,
       Buch/Autor einsetzen)

© Langenscheidt Verlag 1998. Vervielfältigung zu Unterrichtszwecken gestattet.

# Texte zum Weiterüben

Aufnahmen 87, 88, 89:

**a) hören**

**b) hören und still mitlesen**

**c) hören und auf Assimilationen achten**

**d) hören und halblaut mitlesen**          **e) laut vorlesen**

1.     **Goethe und die Studenten**

Goethe kam einmal in eine Gaststätte. Er bestellte sich eine Flasche Wein und ein Glas Wasser. Studenten, die an einem anderen Tisch saßen und auch Wein tranken, lachten laut darüber. Einer von ihnen stand auf, ging zu Goethe und fragte ihn: Warum trinken Sie den Wein mit Wasser? Goethe antwortete:

*Wasser allein macht stumm,*
*das beweisen im Teiche die Fische.*
*Wein allein macht dumm,*
*das beweisen die Herren am Tische.*
*Und weil ich keines von beiden will sein,*
*trink ich mit Wasser vermischt den Wein.*

*(überliefert)*

 • **Wann und wo hat Goethe gelebt?**

2.     **Zwei Frauen**

Die erste

Sie steht vor dem Spiegel
Und fragt mich oft
Ob ihre Augen schön sind
Ich sage ja

Wenn sie mit mir tanzt
Fragt sie mich oft
Ob sie nicht am besten tanzt
Ich sage ja

Sie fragt mich
Ob ihre Schuhe
Zu ihrem neuen Kleid passen
Ich sage ja

Nun fragt sie mich
Ob ich sie liebe

Die zweite

Sie fragt mich
Ob ich Post von zu Hause habe
Ich sage nein
Sie ist traurig

Sie fragt mich
ob ich mich einsam fühle
Ich sage nein
Sie ist glücklich

Sie fragt mich
ob ich ruhige Kinder liebe
Ich sage nein
Sie umarmt mich

Sie fragt mich nicht
Ob ich sie liebe

*Adel Karasholi*

• **Welche Frau liebt der Dichter und warum?**

_____

_____

_____

_____

3. # Briefwechsel

89

Sehr geehrte Frau Meier!
Ihr Sohn Markus
isst während des Unterrichts
und arbeitet nicht mit.

Sehr geehrter Herr Lehrer!
Ihr Schüler Markus Meier
hält sein Zimmer nicht in Ordnung
und bröselt während des Fernsehens
Kartoffelchips auf den Teppich.

*Heinz J. Zechner*

• **Wofür sind die Eltern verantwortlich, wofür sind die Lehrer verantwortlich?**

_____

_____

_____

© Langenscheidt Verlag 1998. Vervielfältigung zu Unterrichtszwecken gestattet.

# Lösungen

**3c)**
    1. Der Regenbogen ist bunt.

    2. Der Himmel ist blau.

    3. Der Elefant ist groß.

    4. Das Gras ist grün.

    5. Die Erde ist braun.

    6. Die Nacht ist dunkel.

    7. Essig ist sauer.

    8. Zucker ist süß.

**4b)**
    Lösungsvorschläge vom Band:

der Obstsalat, die Obstsuppe, der Obstgarten, das Milchglas, die Milchsuppe, der Eisbecher, der Fischsalat, das Fischbrötchen, das Saftglas, der Saftbecher, der Wurstsalat, die Wurstsuppe, das Wurstbrötchen, die Reissuppe, der Fleischsalat, die Fleischsuppe

## Texte zum Weiterüben

### Goethe und die Studenten

Der berühmte deutsche Dichter Goethe (1749–1832) wurde in Frankfurt geboren und lebte lange Zeit in Weimar.

# 11.  Mit Simsalabim unterwegs
## *Phonetische Variation in der Alltagsprache*

## 11.1  Zum Aufbau der Lektion

### 11.1.1  Video (Dauer: 9.00 Min.)

Szene 1
Zauberer:

> Simsalabim! Herzlich Willkommen und Guten Tag! Hi! Hallo! Wie begrüßt man sich
> hier?

Leute:

> Guten Morgen! – Guten Morgen! – Guten Tag! – Guten Tag! – Guten Tag! – Tag, wie
> gehts? – Tag, wie gehts? – Hallo! – Hallo. Wie gehts? – Hallo, wie gehts? – Hallöchen!-
> Hi! – Hi! – Grüß Gott! – Grüß Gott! – Grüß Gott! – Guten Abend! – Guten Abend!! – Gute
> Nacht! – Gute Nacht!

Szene 2
Zauberer:

> So viele freundliche Leute. Und alle sprechen Deutsch. Ich spreche alle Sprachen. Ich
> frage sie mal, welche Sprachen sie sprechen können.

Leute:

> Ich spreche Türkisch und Deutsch. – Ich spreche Französisch. – Ich spreche Deutsch. –
> Ich spreche Polnisch, Russisch und Englisch. – Ich spreche Spanisch und Russisch. –
> Ich spreche Spanisch und Russisch. – Ich spreche Indonesisch. – Ich spreche Deutsch
> und Polnisch. – Ich spreche Indonesisch und Arabisch.– Ich spreche Japanisch.

Szene 3
Zauberer:

> Nicht schlecht. Aber das können sie bestimmt nicht: Der Potsdamer Postkutscher
> putzt den Potsdamer Postkutschkasten, den Potsdamer Postkutschkasten putzt der
> Potsdamer Postkutscher. Kann das jemand so gut wie ich?

Leute:

| | |
|---|---|
| 1x: | Der Potsdamer Postkutscher putzt den Potsdamer Postkutschkasten; |
| 3x: | Der Potsdamer Postkutscher putzt den Potsdamer Postkutschkasten; den Potsdamer Postkutschkasten putzt der Potsdamer Postkutscher. |
| 2x: | Trompete  bleibt Trompete, und Keyboard bleibt Keyboard. |
| 3x: | Blaukraut bleibt Blaukraut, und Brautkleid bleibt Brautkleid. |
| 4x: | Die Katze tritt die Treppe krumm, der Kater tritt sie grade. |

## Szene 4

**Zauberer:**

Das haben sie wirklich gut gemacht. Und nun möchte ich wissen: Woher kommen sie – und wohin wollen sie?

**Leute:**

Ich komme aus Eilenburg und fahre nach Hagen.
Ich komme aus Bad-Neustadt / Saale und fahre nach Rom.
Ich komme aus Hof und fahre nach Berlin.
Ich komme aus Hof und fahre nach Hamburg.
Ich komme aus Arzberg in Oberfranken und fahre nach Berlin.
Ich komme aus Berlin und fahre nach Dresden.
Ich komme aus München und fahre nach Hamburg.
Ich komme aus Hamburg.
Ich komme aus Heidelberg und fahre nach Amsterdam.
Ich komme aus Österreich und fahre nach Amsterdam.
Wir kommen aus Eilenburg und wollen nach Hannover.
Ich komme aus Heidelberg.
Ich komme aus Hagen und fahre nach Hannover.
Ich komme aus Dresden und fahre nach Magdeburg.
Ich fahre nach Halle. Wir fahren hier fast alle nach Halle.
Ich fahre jetzt nach Österreich.

## Szene 5

**Zauberer:**

Die Welt ist groß. Jetzt ein bisschen Musik? Vielleicht moderne Musik oder lieber klassische Musik? Was wollt ihr hören?

**Leute:**

Ich liebe klassische Musik. – Ich liebe moderne Musik. – Moderne Musik? Nein, ich liebe Bach. – Ich mag klassische Musik. – Ich mag moderne und klassische Musik. – Ich mag klassische Musik. – Ich liebe moderne Musik. – Ich liebe klassische Musik. – Ich mag klassische Musik. – Und ich mag den Elvis.

## Szene 6

**Zauberer:**

Ja, was denn nun? Klassische oder moderne Musik? Vielleicht doch lieber lesen? Was lesen Sie gern?

**Leute:**

Ich lese gern Gedichte. – Ich lese gern Erzählungen und Gedichte. – Ich lese gern Märchen. – Ich lese gern Märchen. – Ich lese gern Gedichte und Erzählungen. – Ich lese gern Geschichten. – Ich lese gern Romane. – Ich lese gern Krimis. – Ich lese gern Romane. – Ich lese gern Geschichten. – Ich lese sehr gern Gedichte. – Ich lese gern Kinderbücher. – Ich lese gern Mickymausbücher. – Ich lese gern Phantasygeschichten und Abenteuererzählungen.

## Szene 7
**Zauberer:**

Aber jetzt habe ich großen Hunger. Wo gibt es was zu essen?

**Leute:**

Hier gibt es Brot, Brötchen und Kuchen. – Hier gibt es Brötchen. – Hier gibt es sehr guten Kuchen. – Hier gibt es Pizza, Bockwurst und Bratwurst. – Hier gibt es Bratwurst mit Brötchen. – Hier gibt es Kuchen und Wurst. – Hier gibt es Rostbratwurst. – Hier gibt es Bockwurst, Bratwurst, Würstchen und Brötchen. Hier gibt's keine Bratwurst. Hier gibts überhaupt keine Wurst.

## Szene 8
**Zauberer:**

Hm, schön. Am schönsten ist doch ein frisches Brötchen. Habe ich Recht?

**Leute:**

Am schönsten ist ein schöner Mann. – Am schönsten ist eine grüne Wiese. – Am schönsten ist ein kühles Bier. – Am schönsten ist eine schöne Frau. – Am schönsten ist ein schöner Mann. – Am schönsten ist ein hübsches Mädchen. – Am schönsten ist ein schickes Auto. – Am schönsten ist meine Freizeit. – Am schönsten sind frische Brötchen. – Am schönsten ist der Winter. – Am schönsten ist meine Heimat.

## Szene 9
**Zauberer:**

Es gibt viele schöne Dinge. Und manche davon kann man kaufen. Ich brauche bald einen neuen Hut. Und was kaufen Sie?

**Leute:**

Eine Uhr. – Ein Hemd. – Strümpfe. – Ein Fahrrad. – Strümpfe, Schuhe und eine Jacke. – Ein Hemd, eine Uhr, eine Jacke und einen Mantel. – Strümpfe und einen Spiegel. – Einen Schirm. – Schuhe, einen Mantel und einen Pullover. – Kostüm, ein Kleid und Dessous. – Schuhe und Strümpfe. – Strümpfe, Schuhe und eine Jacke. – Bücher und einen Schirm. – Eine Tasche. – Einen Anzug.

## Szene 10
**Zauberer:**

So, das wars schon. Vielen Dank und Auf Wiedersehen. Bis bald! Simsalabim!

**Leute:**

Also dann, bis zum nächsten Mal. – Bis bald! – Bis bald! – Bis nachher! – Bis Sonntag! – Bis morgen! – Tschüss, machts gut! – Auf Wiedersehen! Tschüss, machts gut! – Auf Wiedersehen! – Auf Wiedersehen! – Auf Wiedersehen! – Alles Gute! – Tschau! – Wiedersehen.., tschau! – Tschüss! – Servus! – Tschüss! – Tschüss! Auf Wiedersehen! Alles Gute! – Auf Wiedersehen! – Tschüss! – Bis bald! – Tschüss! – Tschüss, machts gut!

## 11.2. Didaktische Hinweise

1. Abschnittweise 1–10 hören und aus dem Gedächtnis einige Antworten der Leute ergänzen und aufschreiben.
2. Die Schüler antworten selbst auf die (einige) Fragen des Zauberers.
3. Die Schüler üben zu zweit oder in kleinen Gruppen, sie fragen und antworten.
4. Die Szenen eignen sich für das Aufgreifen und Üben der in den anderen Lektionen behandelten phonetischen Schwerpunkte. Die phonetischen Besonderheiten können in den Äußerungen der Leute markiert und geübt werden.

| | |
|---|---|
| Melodie: | Alle Szenen außer 7. |
| Wortakzent: | Alle Szenen. |
| Vokale (lang/kurz): | Alle Szenen. |
| Ö- und Ü- Laute: | Szenen 7, 8, 9, 10. |
| E-Laute: | Alle Szenen, besonders Szene 6. |
| Vokaleinsatz – [h]: | Besonders Szene 4. |
| Konsonanten (fortis/lenis): | Besonders Szene 3. |
| Ich-Laut/ Ach-Laut/Sch: | Besonders Szene 2. |
| R-Laute: | Szenen 2, 7. |
| Assimilation: | Alle Szenen. |

Es folgt:

## 11.3 Kopiervorlagen der Arbeitsblätter

## 11.4 Lösungen

Information für Lehrer

# 11. Mit Simsalabim unterwegs

## Aufgaben

*a) Videolektion ansehen*

*b) Aufnahme 90 abschnittweise 1–10 hören*

*c) nach jedem Abschnitt aus dem Gedächtnis
       wiedergeben, was die Leute gesagt haben*

*d) Aufnahme 90 abschnittweise hören und mit Lösung
       vergleichen*

1. Simsalabim! Herzlich Willkommen und Guten Tag! Hi! Hallo! Wie begrüßt man sich hier?

_____

_____

_____

2. So viele freundliche Leute. Und alle sprechen Deutsch. Ich spreche alle Sprachen. Ich frage sie mal, welche Sprachen sie sprechen können.

_____

_____

_____

3. Nicht schlecht. Aber das können sie bestimmt nicht: Der Potsdamer Postkutscher putzt den Potsdamer Postkutschkasten, den Potsdamer Postkutschkasten putzt der Potsdamer Postkutscher. Kann das jemand so gut wie ich?

_____

_____

_____

4. Das haben sie wirklich gut gemacht. Und nun möchte ich wissen: Woher kommen sie – und wohin wollen sie?

_____

_____

_____

5. Die Welt ist groß. Jetzt ein bisschen Musik? Vielleicht moderne Musik oder lieber klassische Musik? Was wollt ihr hören?

_____

_____

_____

6. Ja, was denn nun? Klassische oder moderne Musik? Vielleicht doch lieber lesen? Was lesen sie gern?

_____

_____

_____

7. Aber jetzt habe ich großen Hunger. Wo gibt es was zu essen?

_____

_____

_____

8. Hm, schön. Am schönsten ist doch ein frisches Brötchen. Habe ich Recht?

_____

_____

_____

9. Es gibt viele schöne Dinge. Und manche davon kann man kaufen. Ich brauche bald einen neuen Hut. Und was kaufen sie?

_____

_____

_____

10. So, das wars schon. Vielen Dank und Auf Wiedersehen. Bis bald! Simsalabim!

_____

_____

_____

# Lösungen

**1)** Guten Morgen! – Guten Morgen! – Guten Tag! – Guten Tag! – Guten Tag! – Tag, wie gehts? – Tag, wie gehts? – Hallo! – Hallo. Wie gehts? – Hallo, wie gehts? – Hallöchen!- Hi! – Hi! – Grüß Gott! – Grüß Gott! – Grüß Gott! – Guten Abend! – Guten Abend!! – Gute Nacht! – Gute Nacht!

**2)** Ich spreche Türkisch und Deutsch. – Ich spreche Französisch. – Ich spreche Deutsch. – Ich spreche Polnisch, Russisch und Englisch. – Ich spreche Spanisch und Russisch. – Ich spreche Spanisch und Russisch. – Ich spreche Indonesisch. – Ich spreche Deutsch und Polnisch. – Ich spreche Indonesisch und Arabisch. – Ich spreche Japanisch.

**3)** 1x: Der Potsdamer Postkutscher putzt den Potsdamer Postkutschkasten;
3x: Der Potsdamer Postkutscher putzt den Potsdamer Postkutschkasten; den Potsdamer Postkutschkasten putzt der Potsdamer Postkutscher.
2x: Trompete bleibt Trompete, und Keyboard bleibt Keyboard.
3x: Blaukraut bleibt Blaukraut, und Brautkleid bleibt Brautkleid.
4x: Die Katze tritt die Treppe krumm, der Kater tritt sie grade.

**4)** Ich komme aus Eilenburg und fahre nach Hagen.
Ich komme aus Bad-Neustadt/ Saale und fahre nach Rom.
Ich komme aus Hof und fahre nach Berlin.
Ich komme aus Hof und fahre nach Hamburg.
Ich komme aus Arzberg in Oberfranken und fahre nach Berlin.
Ich komme aus Berlin und fahre nach Dresden.
Ich komme aus München und fahre nach Hamburg.
Ich komme aus Hamburg.
Ich komme aus Heidelberg und fahre nach Amsterdam.
Ich komme aus Österreich und fahre nach Amsterdam.
Wir kommen aus Eilenburg und wollen nach Hannover.
Ich komme aus Heidelberg.
Ich komme aus Hagen und fahre nach Hannover.
Ich komme aus Dresden und fahre nach Magdeburg.
Ich fahre nach Halle. Wir fahren hier fast alle nach Halle.
Ich fahre jetzt nach Österreich.

**5)** Ich liebe klassische Musik. – Ich liebe moderne Musik. – Moderne Musik? Nein, ich liebe Bach. – Ich mag klassische Musik. – Ich mag moderne und klassische Musik. – Ich mag klassische Musik. – Ich liebe moderne Musik. – Ich liebe klassische Musik. – Ich mag klassische Musik. – Und ich mag den Elvis.

**6)** Ich lese gern Gedichte. – Ich lese gern Erzählungen und Gedichte. – Ich lese gern Märchen. – Ich lese gern Märchen. – Ich lese gern Gedichte und Erzählungen. – Ich lese gern Geschichten. – Ich lese gern Romane. – Ich lese gern Krimis. – Ich lese gern Romane. – Ich lese gern Geschichten. – Ich lese sehr gern Gedichte. – Ich lese gern Kinderbücher. – Ich lese gern Mickymausbücher. – Ich lese gern Phantasygeschichten und Abenteuererzählungen.

**7)** Hier gibt es Brot, Brötchen und Kuchen. – Hier gibt es Brötchen. – Hier gibt es sehr guten Kuchen. – Hier gibt es Pizza, Bockwurst und Bratwurst. – Hier gibt es Bratwurst mit Brötchen. – Hier gibt es Kuchen und Wurst. – Hier gibt es Rostbratwurst. – Hier gibt es Bockwurst, Bratwurst, Würstchen und Brötchen. Hier gibts keine Bratwurst. Hier gibts überhaupt keine Wurst.

**8)** Am schönsten ist ein schöner Mann. – Am schönsten ist eine grüne Wiese. – Am schönsten ist ein kühles Bier. – Am schönsten ist eine schöne Frau. – Am schönsten ist ein schöner Mann. – Am schönsten ist ein hübsches Mädchen. – Am schönsten ist ein schickes Auto. – Am schönsten ist meine Freizeit. – Am schönsten sind frische Brötchen. – Am schönsten ist der Winter. – Am schönsten ist meine Heimat.

**9)** Eine Uhr. – Ein Hemd. – Strümpfe. – Ein Fahrrad. – Strümpfe, Schuhe und eine Jacke. – Ein Hemd, eine Uhr, eine Jacke und einen Mantel. – Strümpfe und einen Spiegel. – Einen Schirm. – Schuhe, einen Mantel und einen Pullover. – Kostüm, ein Kleid und Dessous – Schuhe und Stümpfe. – Strümpfe, Schuhe und eine Jacke. – Bücher und einen Schirm. – Eine Tasche. – Einen Anzug.

**10)** Also dann, bis zum nächsten Mal. – Bis bald! – Bis bald! – Bis nachher! – Bis Sonntag! – Bis morgen! – Tschüss, machts gut! – Auf Wiedersehen! Tschüss, macht's gut! – Auf Wiedersehen! – Auf Wiedersehen! – Auf Wiedersehen! – Alles Gute! – Tschau! – Wiedersehen! – Tschau! – Tschüss! – Servus! – Tschüss! – Tschüss! Auf Wiedersehen! Alles Gute! – Auf Wiedersehen! – Tschüss! – Bis bald! – Tschüss! – Tschüss, machts gut!

# Quellenverzeichnis

## Lektion 1

Jürgen Spohn: Halloh, wer da. In: Hallo du da. Coppenrath Verlag Münster 1988, S. 7. (= Originalquelle)

Erwin Grosche: Der freche Weckdienst . In: Gelberg, Joachim (Hrsg.): Was für ein Glück. 9. Jahrbuch der Kinderliteratur. Beltz & Gelberg Weinheim 1993, S. 307.

Timm Ullrichs: denk-spiel. In: Krusche, Dietrich / Krechel, Rüdiger: Anspiel. Konkrete Poesie im Unterricht Deutsch als Fremdsprache. Inter Nationes 1986 (2. Auflage), S. 39.

## Lektion 2

Martin Auer: Noch. In: S. 122. Gelberg, Joachim (Hrsg.): Was für ein Glück. 9. Jahrbuch der Kinderliteratur. Beltz & Gelberg Weinheim 1993.

Dieter Schneider: Nicht mehr. In: Arbeitsgemeinschaft Missionarische Dienste (Hrsg.): An jedem neuen Tag. Biblische Texte, Gebete und Betrachtungen. Heft 3, Stuttgart 1976, S. 24.

Gottfried Herold: Kleiner Unsinn. In: Herold, Gottfried: Mein Emil heißt Dackel. Der Kinderbuchverlag Berlin 1987, S. 18.

## Lektion 3

Heinz J. Zechner: Eine Hälfte. In: Gelberg, Joachim (Hrsg.): Was für ein Glück. 9. Jahrbuch der Kinderliteratur. Beltz & Gelberg Weinheim 1993, S. 305.

Ernst Jandl, sieben Weltwunder in: Poetische Werke, Bd. 8 (Der gelbe Hund), hg. von Klaus Siblewski, © Luchterhand Literaturverlag, München

## Lektion 4

Hans Manz: Ein, kein oder mehrere Geschwister? In: Hans Manz: Mit Wörtern fliegen. Beltz & Gelberg Weinheim 1995, S. 61.

Christine Nöstlinger: Eine glückliche Familie. In: Gelberg, Joachim (Hrsg.): Was für ein Glück. 9. Jahrbuch der Kinderliteratur. Beltz & Gelberg Weinheim 1993, S. 32. (= Originalquelle)

Kerstin Reinke: Hochzeitsmärchen.

## Lektion 5

Rudolf Steinmetz: Konjugation. In: Krusche, Dietrich / Krechel, Rüdiger: Anspiel. Konkrete Poesie im Unterricht Deutsch als Fremdsprache. Inter Nationes 1986 (2. Auflage), S. 6. (Originalquelle: bundesdeutsch. lyrik zur sache grammatik, Hammer Verlag Wuppertal 1974)

Kerstin Reinke: Regen.

## Lektion 6

Regina Schwarz: Lückenbüßer. In: Gelberg, Joachim (Hrsg.): Was für ein Glück. 9. Jahrbuch der Kinderliteratur. Beltz & Gelberg Weinheim 1993, S. 109.

Kerstin Reinke: Das Haar in der Suppe.

## Lektion 7

Gottfried Herold: Federleicht. In: Herold, Gottfried: Mein Emil heißt Dackel. Der Kinderbuchverlag Berlin 1987, S. 28.

Kerstin Reinke: Konzertbesuch.

## Lektion 8

Christian Morgenstern: Die drei Spatzen. In: Morgenstern, Christian / Binder, Eberhard: Der Entenschlittschuhschmied. Der Kinderbuchverlag Berlin 1983, ohne Seitenzahl(en).

Kerstin Reinke: Die Nacht und das Licht.

## Lektion 9

Ernst Jandl: fünfter sein. In: Poetische Werke, hg. von Klaus Siblewski © Luchterhand Literaturverlag, München

Adel Karasholi: Porträt. In: Karasholi, Adel: Wenn Damaskus nicht wäre: Gedichte. A1 München 1992, S. 49.

## Lektion 10

Adel Karasholi: Zwei Frauen. In: Karasholi, Adel: Wenn Damaskus nicht wäre: Gedichte. A1 München 1992, S. 17

Heinz J. Zechner: Briefwechsel. In: Gelberg, Joachim (Hrsg.): Was für ein Glück. 9. Jahrbuch der Kinderliteratur. Beltz & Gelberg Weinheim 1993, S. 100.